Probatur prior pars huius copulatiuæ. Qui enim scientiam habent absque zelo Dei, hominibus in tribunali vel gymnasio regnantibus adulantur; ac proinde pro veritate definire non audent;vt Ioannis 12. dicitur: *Ex principibus multi crediderunt in Iesum, sed propter Pharisæos non confitebantur, vt è synagoga non eijcerentur; dilexerunt enim gloriam hominum magis, quam gloriam Dei.* Item Apost. Rom. 1. Philos. condemnat, quod, cũ Deum cognouissent, nõ tamen sicut Deum honorificassent: sed Dijs falsis sacrificassent, quoniã, vt Plato quóq; in Apologia pro Socrate, & Xenophon, & Cicero & Plinius & alij narrant, timebãt ne criminis hæreseos accusarentur apud senatum; multíque eorũ, tanquam impij interficiebantur. Alij vero, quoniam ex opinione, quam vulgus sectatur, pecunias lucrantur & honores, sic eam defendunt, vt videantur publicæ vtilitati saltem consulere; nec pro veritate & iustitia certant, aut laborant, sed pro gloriola & ventre; & relicto proprio iudicio in crimen transeunt alienum, vt dicit Leo Pontifex de Pilato; ytque Apostolus ait, *veritatem Dei in iniustitia detinent;* adeoque seipsos ita afficiunt, vt tandem videatur eis vera opinio, quam ore defendunt, & corde negabant. Sic fit pestis animorum, vt dicit T. Liuius, & hos in Antimachiauellismõ.

Probatur posterior pars copulatiue. Qui autem zelum Dei habent, & non scientiam, quamuis sanctissimi sint, nisi à Deo expressam reuelationem acceperint; nequaquam de quæstione tali iudicare possynt. Vnde Apostolus Roman. 10. testimonium perhibet Iudæis, quod persequuti fuerint Christianos *ex zelo Dei, sed non secundum scientiam.* De seipso quoque testatur, quod putarit, se obsequium præstare Deo. Et quamuis esset litteratus & eruditus in lege secus pedes Gamalilæis, & in doctrinis sæcularibus, tamen ait; *Ignorans feci, & in incredulitate mea:* quia non per omnia argumenta examinarat fidem Christianorum, sicuti debebat. Præterea Lactantius, Firmianus & S. Augustinus, cum essent sancti ac docti, negauerunt antipodas, moti ex zelo Dei & scripturarum; sicut patet ex argumentis, quæ inde educuntur; tum quia homines illi ex Adam non traherent originem, quod est contra scripturam; tum quia sit impossibile, ex nostris illuc migrasse per Oceanum impertransibilem; alij addunt, quia Christus heic & ibi crucifixus bis fuisset; quia scriptura dicat, cœlum esse extensum sicut cameram, cuius basis tellus, (ait Iustinus,) super qua aqua, & super hac cœlum immobile. Nihilominus iam

vide-

videmus, falsas esse rationes hasce, ex defectu mathematicæ & cosmographiæ ortas; proptereaque scripturam quoque torqueri. Et sicut falsa esse deprehenditur sententia S. Thomæ, quod sub æquinoctiali non extet habitatio hominum, idque phisiologiæ & geographiæ itidem defectu & ex zelo Aristotelis cui magis credere voluit quam Alberti Magni & Auicennæ rationibus: ita eodem zelo scripturarum S. Ephrem, Anastasius Sinaita, & Moyses, episcopi Syri, in altero hemispario toto posuerunt paradisum terrestrem: non enim, nisi in spatio bene magno, aiunt, quatuor illa paradisi flumina, & arbores tot tantæque esse potuerunt. Nihilominus iam deceptos eos, ex nauigatium testimonio apparet. Recte ergo diximus, quod sine scientia non recte iudicet etiam sanctus. Vnde D. Thomas in opusculo contra impugnantes religionem cap. 11. quia philosophabantur, ad hoc allegat glossam super Daniel. 1, inquientem: *Si quis imperitus huius artis aduersus mathematicos scribat, aut expers philosophiæ aduersus philosophos agat, quis etiam ridendus vel ridendo non rideat?* Et poeta Comicus de tali iudice ait:

Dij immortales, homine imperito nihil iniustius;
Qui nil rectum, nisi quod placeat sibi ducit.

Secunda hypothesis.

SEx sunt, quæ iudicem harum quæstionem scire oportet, vt possit recte iudicare.

Primum, quod philosophia de rebus cælestibus & inferioribus necessaria sit theologo speculaturo, contra sectarios disputaturo.

Secundum, quod nondum a philosophis scientia de cœlestibus perfecta sit.

Tertium, quod neque sanctus Moyses, neque Dominus Iesus, nobis phisiologiam & astronomiam aperuerint; sed *Deus tradiderit mundum disputationi hominum, Ecclesiast. & vt inuisibilia Dei per ea quæ facta sunt, intellecta conspiciantur*, (Romanorum 1.) docuerint autem nos beate viuere, ac dogmata supernaturalia, ad quæ natura non sufficiebat.

Quartum, quod qui veter Christianis studium philosophiæ & scientiæ

tiarum, vetet etiam esse Christianos. Et, quod sola lex Christiana commendet suis omnes scientias; quia de falsitate sui non timet.

Quintum, quod, qui tanquam ex doctrina fidei Christianæ philosophos, ratione & exprimentis dogmata sua probantes, impugnant, quando illa non sunt expresse contraria scripturis sanctis, expositionem non recipientibus per alios contextus; hic perniciose contra se, & impie contra fidem, & irrisorie ad alios, se habeat: multo autem magis, qui scripturæ sensum vni ex philosophis ita accommodat, vt alius incommodet.

Sextum, quod non omnis falsitas ita contrarietur scripturis, vt habenda sit pro hæretica in ecclesia militanti, sicut fortassis est in triumphanti, si sensum scripturæ subito aut consequenter euertat: & quod, si theologi complexati sunt dogmata, scripturis Dei magis aut æque contraria secundum apparentiam, non sit condemnandus aut à speculatione vlteriori arcendus, qui, an ita se habeant dogmata quæ adferuntur, inquirit, animo veritatis aperiendæ, non fidei impugnandæ.

Quas assertiones sex in Theologicis nostris probatas, prout præsenti quæstioni expedit, iterum probare non grauabimur.

Probatur assertio Prima.

QVanquam Christiano sufficit, nosse quæ sibi credenda sunt ad salutem æternam consequendam, vt docet D. Thomas in 2.2. q.8. & 9. & cum eo omnes theologi, non sufficit tamen theologo, cuius est alios exhortari in doctrina sana & contradicentes arguere, vt docet apostolus, & cum eo omnes patres. Cum enim de omnibus rebus per altissimam causam, quæ Deus est, iudicare habeat theologus, & non per causas modo inferiores, quemadmodum cæteri artifices, & sapientes; indiget omnes scientias pernosse, vt simul Deum, quod eius obiectum principale est, & omnia opera Dei cognoscat: & si qua scientia, quæ de Deo & de operibus Dei apud homines tractat, contradicit scientiæ diuinæ, eam impugnare possit, & argumentis respondere. Neque enim verum vero contradicit, neque effectus causæ; ergo nec scientia humana diuinæ, nec opera Dei Deo, vt ex Concilio Lateranensi sub Leone X. admonemur. Quapropter Diuus Thomas in opusculo contra impugnantes religionem, propterea quod

fratres

fratres scientiæ & eloquentiæ seculari operam darent, ostendit, eos esse
cæcos, nec videre, quam necessariæ, nedum vtiles sint scientię theologo.
Atque ideo quamuis theologia respectu sui non egeat probationibus ex
scientia humana desumptis, tamê respectu nostri indiget; vt roboremur,
& intelligamus ex sensibilibus & naturalibus supernaturalia. Et probatur testimonio Augustini & Hieronymi & Dionisij & aliorum patrum,
qui hoc faciendum docuerunt, & fecerunt. *Vt nescias*, ait Hier. in epist.
ad Magnum, *quid prius in illis admirari debeas, eruditionem seculi, an scientiam
scripturarum:* additque Apostolum Paulum propterea poëtas & philosophos legisse, quos etiam citat sæpe. Et Gregorius in moralibus, illud Io-
bi, *Qui facit arcturum & orionem*, exponens, de sapientia astronomorum se-
culatium accęptum dicit. Item probant patres & D. Thomas in 1 q. 1. ex
dicto Salomonis: *Vecauit sapientia*, id est theologia, *ancillas*, id est scięcias, ad
arcem. Imo scientias esse in præcepto generi humano, non autem indiui-
duo huic vel illi, clarum est. Nam fecit Deus hominem, vt Deum cognos-
ceret, cognoscendo amaret, & amando frueretur: & propterea sensitiuũ
& rationalem. Si autem ratio ad scientias valet, contra ordinem Dei na-
turalem facit homo, nisi hoc dono Dei ex instituto diuino vtatur, vt solet
arguere: Chrysostomus plane sicuti pedibus ad ambulandum vti nollet.
Vnde Aristoteles *Omnes homines natura scire desiderant.* Et Moyses Genes.
1. *posuit Deus hominem in paradiso, vt operaretur, & custodiret illum.* Hoc autem
non erat opus manuale, nec custodia ab animalibus; quum absque labore
ex sponte nascentibus tunc viuerent, & cuncta animalia illi obedirent: sed
erat opus speculationis rerum, & obseruatio cœlestium ac naturalium, ex
admiratione prodiens, vt, quia tenebatur Deum venerari, (quod sine cognitione præuia non potest fieri, *quia inuisibilia Dei per ea quæ facta sunt, con-
spiciuntur*, teste apostolo,) vndique philosopharetur. Licet autem Adamo
omnes scientiæ fuerint infusæ, experimentali tamê carebat. Et hoc præceptum datum est illi, non vt persona erat, sed vt caput generis humani,
ac propterea nobis, qui ex eo descendimus, vt patres testantur. Item Dauid ait, *Quærite Deum, & viuet anima vestra*: non potest autem a nobis quæ-
ri, nisi in rerum natura ab eo creatum, vt causa in effectu inquiritur. Et
alibi ait, *Mirabilia opera tua, ideo scrutata est anima mea.* Et Salomon, Eccles. 1.
inuestigasse diligenter de omnibus quæ sub sole sunt, declarat, quamuis
infusa præditus scientia. & Sapient. 7. se res omnes naturales, mathematicas,

reponunt, quando iam sepulta veritas elucescit: non sic autem maiores
nostros peccasse, quoniam nondum terra noua, & systemata cœlestia,
nouaque phænomena propalata fuere, nec concordia scripturarum cum
huiusmodi philosophia.

7. Tandem cum theologi, à tempore Casellæ & Francisci Mariæ Fer-
ratiensis vsque ad nos, hanc astronomiam non modo non condemnaue-
rint, sed imprimendam decreuerint, nec recentioribus sint miñores; videntur non ex zelo doctrinæ Christi; sed vel ex inuidia vel ex inscitia
oppugnatores Galilei insurrexisse.

8. Item vocatur in S. scriptura cœlum sydereum *Firmamentum*, quia stat.
Ergo terra mouetur, Ergo & sol centrum. Nam sic omnia phænomena &
principia mathematicorum saluantur, vt probat Copernicus, & sequa-
cesuimo Ptolemæi sequaces idem fatentur.

9. Item nubeculæ in sole, & nouæ stellæ in cœlo sydereo, & cometæ super lunam, indicant palam, sydera esse systemata.

10. Item non posse textum Moysis recte satis exponi, nisi sydera sint systemata probabimus infra, ex doctoribus sanctissimis.

11. Item S. Iustinus, in quæst. ad orthodoxos, docet, inter Christianos &
gentiles esse controuersiam de cœli figura; his asserentibus, esse sphæri-
cam & mobilem; illis, cameræ instar &immobilem. Alijque doctores vocant cœlum Firmamentum propterea quod immobile est.

CAPVT III.

*Hypotheses tres præstruuntur decisioni duplici ; postea sub-
sequutura.*

ARgumentis, vtrimque propositis pro veteribus & modernis theologi, Galileum defendentibus & oppugnantibus, respondebo, sed ia-
ctis heic prius solidis, probatissimisque fundamentis siue hypothesibus,
ex sanctorum doctrina, & naturæ decretis, & nationum consensu.

Prima hypothesis.

QVicunque quæstionis, etiam ad religionem vel ex parte spectantis,
iudices fieri volunt, zelum Dei habere debent, & scientiam, vt docet S. Bernardus in apologia, ex dictis apostoli ad Rom. 10.

quam hæretici;nec qui Catholici, à librorum editione prohibiti fuerunt.
Inter quos fulget Ioan. Keplerus,mathematicus Cæsareus , qui hanc
sententiam in dissertatione super nuncio Galilei tuetur : & Guilielmus
Gilbertus Anglus solertissimus,in libro de philosophia magnetica, cum
alijs innumeris Anglis, quos subticeo. Item Ioan. Antonius Maginus,
mathematicus Patauinus, qui ab anno 1581. vsque ad præsentem 1616. in
suis ephemeridibus protestatur, se calculum Copernici & Reinoldi amplecti, & positiones tuetur,& contra aliter sentientes obmurmurat in e-
pistolis plurimis.

   5. Item R.P.Clauius Iesuita in vltima editione operum suorum, cum
animaduertisset, Mercurium & Venerem circa solem in gyrum vagari,
quamuis antea contrarium cum Aristotelis sectatoribus sensisset, admonet astronomos, vt de alio cœlorum systemate prouideant. Quod docu-
mentum considerans mathematicus recens, Fictus Apelles, in suis obseruationibus nubecularum solarium, in Galilei & Copernici sententiam
fertur.

   6. Præterea hanc sententiam Galilei esse vetustissimam, tam de motu terræ,quam de solis in centro mansione, & de sistematis sydereis & a-
quis & elementis eorum, in fine docebimus : imo ab ipso Moyse ortam
esse:etiam Pythagoram,genere Iudæum, licet in Græcia natum v. be.te.
ste S.Ambrosio, in Italia attulisse ipsam,& in Græciam, & Crotone Ca-
labrorum docuisse,ac inanibus rationibqs ab Aristotele inpugnatam esse, absque mathematica demonstratione; ex quadam morali & rustica
coiectura;quemadmodum etiam libros Moysis aspernatus est, propterea quod eorum altitudinem & reconditas rationes, & mysteria capere
non potuit per suam logicam:& hoc ex S.Ambrosio & Pici Mirandulani
monumentis haberi: & Galileum nostros maiores ab iniuria Græcorum
vindicare. Eandem tenuisse sententiam Numam Pompilium, discipulu
Pythagoræ,& regem Romanorum sapientissimum,non modo Ouidius,
sed historici multi testantur,licet negent alij. Plinius, Pythagora senatus,
Romani decreto sapientissimu inter philosophos fuisse,quando ei statuã
dedicarunt (iubente oraculo Delphico, vt sapientissimo Græcorum statuam dicarent erigerentque) veraciter enarrat. Quapropter & Italiæ &
Moysi &Romæ iniuriam inferre ij videntur,qui rationem philosophandi & dogmata Galilei insectantur, & Aristotelica Pythagoricis nuncata
                                                                  tepo.

APOLOGIÆ PRO
GALILEO

Proœmium.

Bsolutis iam pridem quæstionibus duabus, hoc tempore necessarijs, Vtrū videlicet liceat nouam cudere philosophiam, & Vtrū liceat expediatque, peripateticam sectam & gentilium philosophorum autoritatem deprimere; & pro illis nouam philosophiam secundum doctrinam sanctorum in scholas Christianas introducere: nunc ad controuersiam aliam specialem inuitor ab his, qui philosophandi rationem, à Galileo Florentino magnificatam, propterea abominantur, quod sacris scripturis contraria statuere videatur dogmata. Gratificabor, prout res meæ ferunt.

QVÆRITVR ERGO

Vtrum ratio philosophandi, quam Galileus celebrat, faueat sacris scripturis, an vero aduersetur.

REm totam quinque absoluam capitibus. Et primo quidem argumēta adducam, Galileum impugnantia. Secundo subijciam rationes, eum defendentes. Tertio hypotheses quasdam præstruam decisioni duplici subsequuturæ. Quarto respondebo ad argumenta Galileum impugnantia. Quinto dicam, quo loco habendæ rationes, eum defendentes.

(∵)

CAPVT

CAPVT I.

Argumentum contra Galileum.

ARguitur primo contra Galileum: videri omnino theologica euerti dogmata ab eo, f qui contra Aristotelis phyfiologiam & metaphyficam, in quibus à D. Thoma & omnibus fcholasticis theologica doctrina fundatur, nouitates introducere ftudet.

2. Præterea, opiniones illæ promulgat, quæ omnibus patribus & fcholasticis contradicunt. Docet enim, terram moueri, & extra mundi centrum exiftere, folem verò & fphæram ftellatam ftare. Patres autem, fcholastici, & fenfus, contrarium conteftantur dogma.

3. Præterea manifefte contradicit facræ fcripturæ. Dicitur enim Pfal. 92. *Firmauit orbem terræ, qui non commouebitur.* Et Pfal. 103. *Qui fundafti terram fuper ftabilitatem fuam: non inclinabitur in feculum feculi.* Et Salomon Ecclef. 1. *Terra autem in æternum ftat.*

4. Præterea idem patet de motu folis. Dicitur enim, Ecclef. ibid. *Terra in æternum ftat, oritur fol & occidit, & ad locum fuum reuertitur: ibique renafcens, gyrat per meridiem, & flectitur ad aquilonem: luftrans vniuerfa in circuitu pergit fpiritus, & in circulos fuos reuertitur.*

5. Præterea Iofuæ 10. ponitur pro ftupendiffimo miraculo, quòd Iofue motum folis oratione frenauerit. *Sol, ait, contra Gabaon ne mouearis, & luna contra vallem Aialon. Stetitque fol in medio cæli, & non feftinauit accumbere fpacio vnius diei.* Idem repetitur in Ecclefiaft. cap. 46.

6. Præterea Ifaiæ 38. in fignum fanitatis recuperandæ dat Deus Ezechiæ portentum in horologio Achaz. *Et reuerfus eft fol decem lineis per gradus quos defcenderat.* Super quo portento interrogatur Ezechias à rege Chaldæorum, qui, cum aftronomiæ operam daret, hanc folis conuerfionem animaduertit, vt ex 2. Paralip. 32. poteft agnofci. Quapropter fi non verè Deus motum folis inhibuit, non verum eft miraculum. Ergo falfa fcriptura, quæ pro veris miraculis ifta duo narrat.

7. Præterea de cæli ftellati motu videmur in facra fcriptura admirari. Dicitur enim in cantico Deboræ, Iudic. 5. *Stellæ manentes in ordine & curfu fuo aduerfus Sifaram pugnauerunt.* Currunt ergo ftellæ. Ergo & cælum: in quo, ficut modus in tabula, infunt. Item Iudas apoftolus *fydera errantia* nominat.

minat. Mouentur ergo. Item 3. Esdræ 4: *Magna est terra, & excelsum est cæ-*
lum: & velox cursus solis conuertit in gyro cælum in locum suum in vna die. Quapropter Galileus cœlum stellatum immobilo faciendo, aperte contradicit scripturæ Dei.

8. Præterea pónit Galileus in luna & planetis aquas: quod falsum est;
quum sint incorruptibilis naturæ, vt ómnes scholastici cum Aristotele,
& cœli perpetuitas & immutatio per tot secula, contestantur. Ponit etiam montes in luna, & terras ibi & in cæteris: quod videtur nimis ahge-
lorum domicilia vilificare, & spes nostras, in cœlis positas, infrin-
gere.

9. Præterea ex opinione Galilei sequitur, plures esse mundos & tellures & maria, sicut ponit Machometus; & homines in eis habitantes, si in
syderibus sunt quatuor elementa, sicut in nostro mundo: si enim ex com-
pletis quatuor elementis quælibet stella constat, erit sane quælibet mum-
dus vnus. Cum autem in scripturis non nisi de vno mundo sit sermo, &
de vno hominum genere, videtur contra scripturas sentire. Omitto, quod
rediret hæresis, quod Christus mortuus sit pro illis hominibus etiam in
aliis stellis, sicuti quidam olim Christum in altero hemisphærio crucifi-
xum secundo putant, vt homines ibi habitantes, ibidem vt nostrates, sal-
uaret. Oporteret etiam penere cū Paracelso hæretico, alios in aëre, in ä-
qua, & sub terra homines, participes beatitudinis, dubiosán ad redemtio-
nem & ipsi pertineant: contra quem Martinus Delrius Iesuita scripsit in
disquisitionibus magicis.

10. Præterea non videtur posse absque ingenti scandalo de his disputa-
ri. Iam enim recepta est in scholis doctrina de cœlestibus & de terra, con-
formis theologiæ, vti scholastici docent. Igitur quicunque aliud docent,
videntur nouam, ad theologiæ scholasticæ euersionem, sternere viam, &
super alios superbire.

11. Præterea in scripturis admonemur, *Altiora te ne quæsieris,* & *Noli sapere*
plus quam sapere oportet, &, *Non transilias terminos quos posuerunt patres tui,* &,
Scrutator maiestatis opprimetur à gloria. Contrarium autem videtur efficere
Galileus, cœlestia suo supponens ingenio, totamque mundi architectu-
ram suo construens arbitratu. Rectius Cato præcepit,
Mitte arcana Dei, cælumque inquirere quid sit;
Cum sis mortalis, quæ sunt mortalia, cura.

CAPVT.

CAPVT II.

Argumenta pro Galileo.

SEd contra opponitur, pro Galileo, autoritas theologorum, qui libros Nicolai Copernici de reuolutionibus orbium iuxta obseruatione eius, ab anno 1525. factas, impressioni tradendos decreuerunt, eo quod nihil contrarium catholicæ fidei continerent. Quibus in libris de motu terræ, & fixione firmaméti, id est, cœli syderei, disputatur, & de solis in cétro nostri mundi mansione. Nec Galileus aliquid noui prætor systemata alia pandit, nondum cognita. Ergo si libri Copernici non incommodant fidei catholicæ, nec Galileus incommodabit.

2. Item Papa Paulus III. Farnesius, cui libros dedicauit illos Copernicus, & Cardinalés quidam, (qui, antequá ederentur, transcribi suo sumtu eos sategerunt, vt apparet in epistolis prooemialibus,) eosdem libros approbarunt. Tempore autem Pauli III. ingenia præclarissima in ecclesia viguerunt; quando vndique accersitos pontifex ille animo, virtute & sanguine nobilissimus, dignitatibus decorauit fouitque. Vnde mirum si illi talpæ fuerint contra Copernicum, contemporanei vero nostri, non tam magni nominis, Argo longe sint oculatiores in Galileum, certioribus nixis obseruationibus.

3. Item post Copernicum scripsere, Erasmus Rainoldus, Io. Stadius, Michael Mestihlnus, Christophorus Rothmannus, & alij plurimi, eandem sententiam tuentes. Imo recentiores mathematici diffidunt se posse ephemeridas rectas condere absque calculo Copernicæo, & de cælestium motibus recte loqui absque principiorum mathematicorum, certissimorum ruina, sed suum & nationum omnium testimonio, nisi ex thesibus Copernici, quæ nec recentes sunt, sed Franciscus Maria Ferrariensis ante ipsum ex nouarum apparentiarum obseruatione nouam cudendam esse astronomiam docuit; quam discipulus eius Copernicus fecit.

4. Item doctissimus Cardinalis Cusanus hanc sententiam amplexus est, & alios soles, aliosque in firmamento stellato circumgyrantes planetas agnouit. Et quidam Nolanus, & alij, quos hæresis nominare non permittit, hanc sententiam tuentur. Sed in hoc condemnari non sunt tanquam

ILLVSTRISS. ET REVEREND.
D. BONIFACIO,
CARDINALI CAIETANO,
ITALICARVM VIRTVTVM PATRONO
colendiſſimo S. P. D.

F. THOMAS CAMPANELLA.

Cce mitto tibi R. Domine, quæſtio-
nem, iuſſu tuo elaboratam: vbi de motu telluris, & ſtellatæ ſphæræ ſtabilitate, & ratione ſyſtematis Coperniçei,
diſputo ſecundum ſacras litteras. Tu
vide, quid recte dictum ſit; quid item defendendum
tibi aut renuendum; quando à ſancto ſenatu id in
mandatis habes. Meum ego iudicium non modo S.
eccleſiæ ſubmitto, ſed cuilibet melius ſapienti; maxime autem tibi, muſarum Italicarum patrono. Quo
viuente non peribunt illæ. Viue ergo in æternum.
Amen.

A 3   APO-

eſt. Et cum multi & magni viri noſtri & ſuperioris temporis non mi-
nus ſacrarum quàm mundanarum litterarum intelligentes poſt vete-
res illos Pythagoricos in eâ ſententiâ fuerint & adhuc ſint, temerè de ijs
quaſi impijs aut ignaris præſumendum non eſt. Luculenter excuſſa hęc
ſunt vt multa alia ab Italo Philoſopho pariter & Theologo & Mona-
cho præclari nunc nominis Thoma Campanella in præſenti tractatu,
quem Beneuole Lector tibi communicare voluimus. Ne autem hunc ſo-
lum ex Italis huius profeſſionis hominibus ea in opinione eſſe putes, ad-
iungere potes Epiſtolam inſignem & grandem M. Pauli Antonij Foſ-
carini Carmelitani ſuper conſiderationem opinionis Pythagoricorum
& Copernici, de mobilitate Terræ & ſtabilitate ſolis, & de nouo Pytha-
gorico ſyſtemate Mundi, ad M. Sebaſtianum Fantonum Ordinis Car-
melitani GENERALEM ITALICE conſcriptam, & Neapoli per La-
zarum Scoriggium Anno M. D. CXV. typis excuſam, quæ ſi Latinè
verſa eſſet, huic tractatui Appendicis loco inſeruire potuiſſet.
Horum Rationibus conſideratis & bene expenſis, iuuabit etiam quæ
legere eſt apud Nic. Cuſanum Cardinalem, Nic. Copernicum, Georg.
Ioach. Rheticum, Mich. Mæſtlinum, Dau. Origanum Germanos, Iord.
Brunum Nolanum, Fran. Patritium, Galil. Galileum, Redemtum Ba-
ranzanum Italos, Guliel. Gilbertum, Nic. Hillium Anglos, & vel præ-
cipuum nunc Ioan. Keplerum noſtratem, qui vt concludamus, aſſere-
re etiam cum alio auſus fuit, pleroſq; Philoſophos poſt ſiderios Galilei
nuncios iamdadum Copernicoturire, non dubito Beneuele Lector,
quin æquior huius tam prægranatæ ſententiæ Iudex ſis futurus. Vale,
& plura huius Autoris indies expecta.

ILLV-

LECTORI BENEVOLO

S. P. D. Typographus.

On eſt de nihilo, ab Homuncionibus nobis, qui in mundo hoc circumfuſo vndiquaque tanquam ver-mes in caſeo viuimus, tantas obiri diſputationes de conſtructione ipſius, vtrum Sedes & domicilium hoc noſtrum quod Terram vocamus, in ſublimi circa Solem circumcurrat cum alijs eius generis globis, an hic circa illud. Tam puſilla nimirum animalcula ſumus, vt inſtar mu-ris in naui pene de his neſciamus; quemadmodum & ille ſi mus vicinus diſputaturus accederet mari non fluctuante, reſpondere nunquam po-terit, an domus ipſorum communis Nauis ambulet, an vero vno eo-demque loco hæreat fixa. Altioris igitur hæc indaginis à multis iudi-cantur, quam videantur vulgo, præſertim poſt tot nouitates in ſuperio-ribus globis per inſtrumentum illud opticum, quod Lyncei Philoſophi Romani Teleſcopium vocant, detectas. Hæc autem quamuis præſum-tuoſi quidam, qui & Philoſophi vulgo audire volunt, plerumque vide-ant, eorum tamen voluntarius ſtupor tanti faciendus non eſt, vt à dili-gentiori veritatis inueſtigatione reliquos auertere debeat. Prægraua-re vero hanc curam inprimis ſtudent multi vtrarumq; partium Theo-logi ſacrarum literarum indeclinabili Autoritate. Quod quam recte vel ſecus fiat, id vel præcipue homini veritatis amanti diſpiciendum

A 2   eſt.

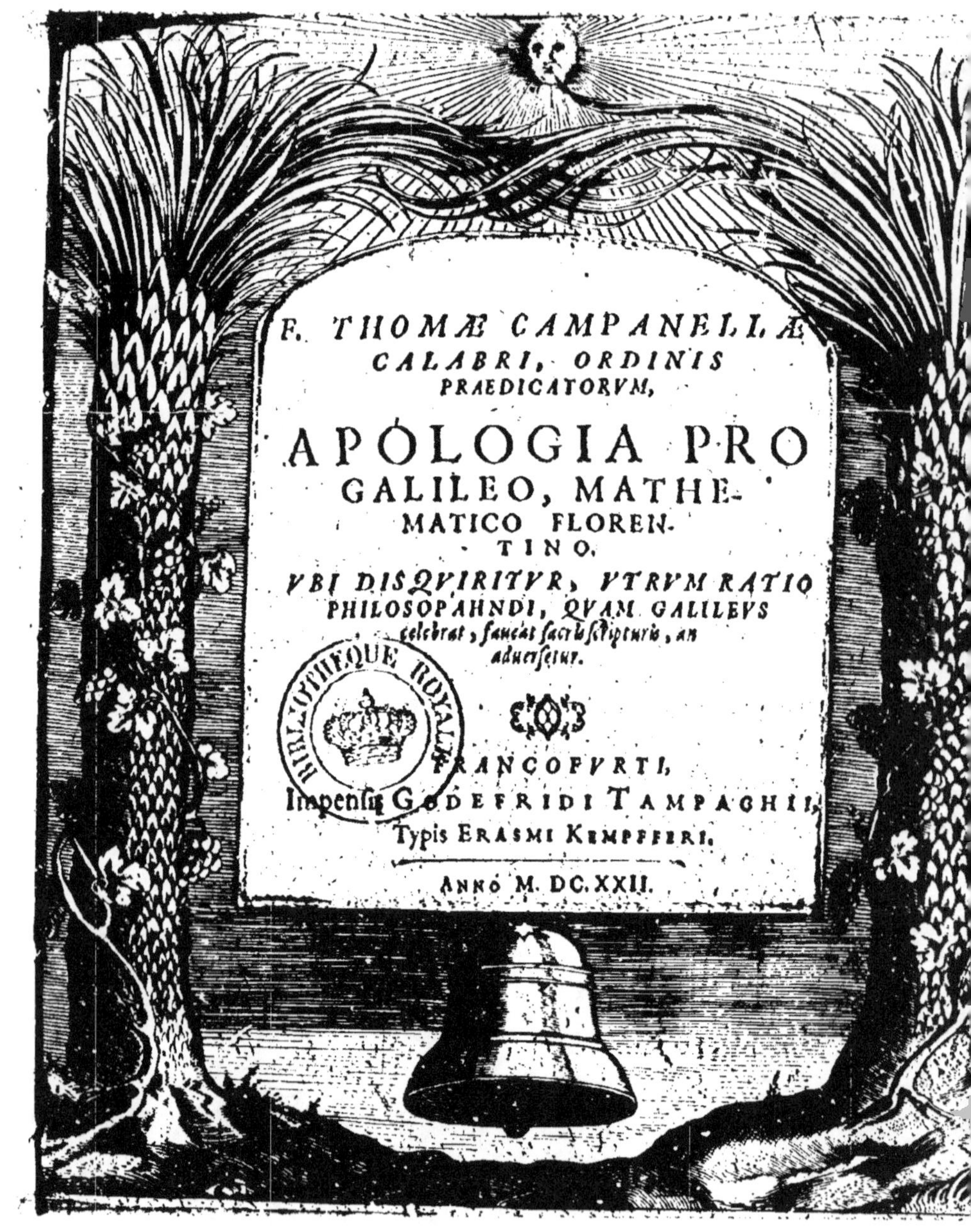

F. THOMÆ CAMPANELLÆ
CALABRI, ORDINIS
PRAEDICATORVM,
APÓLOGIA PRO
GALILEO, MATHE-
MATICO FLOREN-
TINO.
VBI DISQVIRITVR, VTRVM RATIO
PHILOSOPAHNDI, QVAM GALILEVS
celebrat, faueat facriſſcripturis, an
aduerfetur.
FRANCOFVRTI,
Impenſis GODEFRIDI TAMPACHII,
Typis ERASMI KEMPFFERI.
ANNO M. DC. XXII.
BIBLIOTHEQUE ROYALE

ticas, astronomicas & logicas sciuisse pandit, & de cunctis rebus physicis
disputasse perhibetur in 3. Reg. 4. & scripsisse, vt alij volunt, de herbis, vo-
lucribus & lapidibus & p scibus. Et propterea mundus vocabatur ab initio Sapientia Dei, (vt reuelatum est sanctæ Brigittæ,) & liber, vt omnes in
eo legeremus. Vnde S. Leo, serm. 7. de ieiunio decimi mensis, *Per ipsa*, ait,
*elementa mundi, tanquam per publicas paginas, diuinæ voluntatis significationem
accipimus*. Et sermon. 8. Idem probat ex eo, quod *cæli enarrant gloriam Dei,
&c. & inuisibilia Dei per ea quæ facta sunt, &c.* Et profecto etiam. vt dicit Cyrillus in primo contra Iulianum , *philosophia est catechismus ad fidem*: qui i-
psam spernit, fidei aduersatur. Et propterea Bernardus in serm. Audiam
quid loquatur in me dominus, ait, mundum esse codicem Dei, in quo iu-
giter legere debeamus. Idē dix t S. Antonius, teste Nicephoro, & Chrysostomus super illud Pf. 147. *Non fecit taliter omni nationi*. Vt nēmo possit ex-
cusari, quod legem non acceperit. *In omnem enim terram exiuit sonus eorum.*

COROLLARIVM. Et quoniam, quæ sunt mirificentiora & excellen-
tiora, magis Deum repræsentant autorem sui; maiori studio & ob hoc ipsum inuestiganda sunt , & quia animæ humanæ diuinitas ex hoc studio
comprobatur. Huiusmodi autem sunt cœlum & stellæ & maiora mundi
systemata. Vnde Anaxagoras factum esse hominem dixit, vt suspiceret
cœlum. Et Ouidius à theologis cunctis, præcipue à Lactantio, ob hoc dictum valdè laudatur, dicens de Deo:

Cùm terram spectent animalia cætera prona,
Os homini sublime dedit cælumque videre
Iussit, & erectos ad sydera tollere vultus.

Dauid autem causam reddens in Pf. 18. ea hit: *Cæli enarrant gloriam Dei,
& opera manuum eius annunciat firmamentum.* Et in Pf. 8. *Quoniam videbo cælos tuos, opera digitorum tuorum, lunam & stellas, quæ tu fundasti.* Plato etiam in
Epinom, & in Axiocho, (si tamen non est Xenophontis,) ex cœlestium
cognitione, vt stellarum, æquinoctiorum, eclipsium, & huiusmodi, animæ
immortalitatem, hominis dignitatem & deificationem argumentatur: &
nos plura in Antimachiauellismo: Ouidius autem contestatur, ad astronomos loquendo,

Felices animæ, quibus hæc cognoscere primùm,
Inq́ domos superas scandere, cura fuit.

Admonere oculis distantia sidera nostris:
Aethereaq; ingenio supposuere suo.

Quæ laudes maxime præ cæteris Galileo conueniunt, vt alibi palam fec mus. Omitto, quæ Iosephus & Philo de scientijs physicis & cœlestibus dicunt, quæque Berosus in Noe & Abrahamo hoc nomine notat: & quod Patriarcha Iacob per physiologiam se à Labani auaritia liberet & diuitem faciat, vt scriptura testatur: & quod per scientias antiqui patres diuturniorem v.tam egerint. Item Deus signa aduentus sui primi posuit in cœlo & in terra. *Adhuc modicum, & mouebo cælum ac terram, & veniet desideratus cunctis gentibus,* dixit in Aggæo. Et nos, ita euehisse, ex excentricitatum & æquinoctiorum & obliquitatis & apogeorum tunc inceptis mutationibus, & nunc tandem patefactis, probauimus in prophetalibus nostris. Et de futuri aduentus signis, in sole & luna & stellis, clarum est euangelium, Luc. 21 Et quia ad non causas extorquent astronomi veteres ista signa, &, vt prophetarat Petrus apostolus, epist 2. cap. 3. quod viri *illusores, iuxta proprias concupiscentias ambulantes dicent in nouissimis* (cum Aristotelicis & Machiauellistis, (*vbi est promissio aut aduentus eius? Ex quo enim patres dormierunt, omnia sic perseuerant ab initio creatura:* contra hos ego ostedo, non perseuerate sicut ab initio, sed adesse signa in sole & luna & stellis. Quæ & suo tempori proxima esse, per physicum argumentum, ex inferiorum immutatione, S. Gregorius super Luc. 21. recte probauit. Quapropter qui vigilantiam, super cœlestium mutationes & veritates, prohibent, hi volunt, vt dies Dei, sicut fur in nocte, nos comprehendat, sicut cæteros filios tenebrarum, vt S. Paulus, 1 Thess. 5. docuit, & monet, vt vigilemus, nec simus noctis filij. Vigilat autem, qui data signa in sole & luna & stellis contemplatur; non qui sunt sicut Iudæi olim sptetis signis de stella Balaam incidentes in lapidem offensionis, vt Augustinus monet. Ergo sicut Apostolis præ cæteris credimus in scriptura, naturæ libro primo, ita Dauid propterea de his dixit: *In omnem terram exiuit sonus eorum, & non sunt loquelæ, &c.* & Paulus idem de Apostolis repetit, Rom. 5. Concordant enim codices Dei vtrique alter alteri.

Probatur assertio secunda.

NOndum ab aliquo Philosophorum aut theologorum satis digne, aut certe satis, de cœlorum naturis, ordine, situ, quantitate, motu, & configurafigurationibus, deque vniuersi constructione dictum esse, imo nec exacte dici posse, probatur ex scripturis sacris, ac diuersitate hypothesium inter sapientes Et primo Iob. 38. dicitur: *Nunquid nosti ordinem cæli, & pones rationem eius in terra?* Et paulo inferius: *Quis enarrabit cælorum rationem?* Deinde Salomon quoque, Ecclef. 9. *Mundum, ait, tradidit Deus disputationi eorum, vt non inueniat homo opus, quod operatus est Deus ab initio vsq; ad finem.* Et cap. 8. eadem ac plura repetit.

Quapropter delirant, qui putant, ab Aristotele constitutam esse veritatem de cœlestibus, & nihil amplius inuestigandum. Aristot. enim in 2. de cœlo, sicuti ab Ægyptijs acceperat, scribit, octo esse sphæras, adnumerando stellatá; & hanc esse primú mobile, quod moueat 24. horis omnes sphæras planetarum, cótra ipsarum inclinationem ab ortu in occasum, motu violento, quando ipse naturali motu feruntur ab occasu ab ortum itineribus paucissimis: nam luna non nisi 12. gradibus ex 360. quos absoluunt omnes spæræ per violentiam in motu diario. Deinde in 11. metaphys. non á prima sphæra alias rapi vult, sed quamlibet á sua intelligentia; multiplicatq; tot intelligentias, quod sunt apparentiæ, & motus i hæc tamen reddit causas apparentiarum, vt fatentur S. Thomas & Simplicius & alij expositores: & ponit bellum inter Deum & angelos, quippe cum hi moueant contra motum illius, & dum imitari dicuntur contrarium faciunt: similiter inter angelos; nam alius ad ortum, alias ad occasum, alius ad boream, alius ad austrum, contra mouere nituntur: & alios mouentes ponit, & totidem reluctantes, ita vt nedum violentiam cœlo, & etiam in angelis, aut discordiam aut lassitudinem in mouédo ponat, sed nec, cur sursum aliquando, aliquando deorsum magis moueri astra videantur, nec cur stationarij, veloces, retrogradi & tardi fiant planetæ, nec de mutatione excentricitatum & apogæorum & æquinoctiorum, vllam reddat, aut reddere possit causam, quum cœlum de quinta essentia componat: Nec ergo cur Mars infra solis sphæram descódere Tychoni acronychius spectetur, nec quomodo nubeculæ in sole, & sydera noua in sphæra stellata, & cometæ supra lunã possint fieri. Vnde oportet omnino falsam esse eius astronomiam, quæ ista non admittat, sensu & instrumentis certissimis comprobata. Indeq; S. Basilius & Ambrosius hæreticos censent eos, qui cœlum de quinta essentia cum Aristotele faciunt, & solem negant esse formaliter calidum, vt infra docebimus, & in nostris quæstionibus pro

philo-

philosophia sanctorum demonstrauimus. Omitto, quod solem immedia-
te supra lunam ponit: quod D. Thomas, & sequaces ipsius Aristotelis,
docent esse falsum. Aristoteles quóque fatetur, se nescire de cœlestibus
quicquam; & fortioribus in hac scientia curam committit inuestigandi,
vt patet in 12. Metaphys. quæq; ipse ponit, ea sese à Calippo & Eudoxo ac-
cepisse confitetur: nec addidit aliud nisi reuoluentes orbes, qui pugnam
inter angelos accumulant. Omitto impietates, quæ ex quinta essentia &
æternitate motus cœli sequuntur. Nam D. Thomas & expositores Christiani hoc facile declarant: & rationibus respondet ille in lect. 16. vbi fir-
missime æternitatem motus, non problematice, tenuisse illic Aristotelem docet D. Thomas: alioquin non datur ipsi Deus: vnde & Atheistas
nos facit, qui æternitatem motus negamus: Et D. Thomas respondet cótra. Quare nó satis mirari queo quosdam theologastros, qui metas ingenijs hominum ponunt scripta Aristotelis. Quod neq; Ptolemæus veritatem sit assequutus, docent noua phænomena, de quibus per eius dogmata non potest reddi ratio, nec discordia inter cęlestia tollitur. Omitto errores à Copernico deprehensos in mathematicis, videl. quòd fiat motus
regularis in sphæra super alieno centro, & alia. Propterea Thebit & rex
Alfosus inuenerút librationes & nouas sphæras. Copernicus veró & hos
deceptos demonstrat, & ad antiquorum Pythagoreorú dogmata recur-
rit, vnde apparentiarum rationes melius redduntur. Galileus veró vltra
hæc deprehendit nouos planetas, & systemata, & passiones cœli ignotas.
Quare insaniunt indoctissime, qui putant de cęlestibus satis esse, quæ pa-
tefacta sunt ab Aristotele; qui nihil de suo dixit, vt ipsemet fatetur, & alios
inuestigare plura iubet: & posteriores incerti adhuc digladiantur.

APPENDIX. Sed dicet quis. Si pro dignitate & veritate dari de cœlestibus doctrina nequit, vt Iob ait: ergo melius est quiescere, quàm vltra
frustra inquirere. Verum dico, sed inquisitio hæc vlterior non facit hominem hæreticum, vti volunt, sed vanú fortasse. At quod non sit vana vlterior inuestigatio, docet naturale desideriú semper plura discendi. Item
S. Ber. in 4. & 5. de considerat. ad Eugeniú: *Quamuis*, inquit, *quid sit Deus
non inueniatur, tamé fructuosissimé semper quæritur.* Studiú auté in rebus cęlestibus & propter Deú, quæ semper inuestigare iubemur. Nã etsi perfecte
Deú non attrectamus, vt ait Paul. ad Athen, quæ quærere debemus, tamé
semper aliquid plus inuenimus, vnde paulatim deificamur. Et præstat (ait

Aristot. in 1. de anima,) pauca de magnis rebus scire probabiliter, quàm
multa de paruis demôstratiuè. Vnde plura inuenere Ægyptij post Chal-
dæos in cœlestibus:plura postmodum Græci,& nunc plura Germani &
Itali. Indeq; stupere est, quantas pandat Galilęus scenas, in quibus Deus
sapientiæ & potentiæ & amoris sui diuitias repræsentat. Et S. Leo, Antonius, Bern. Chrysost.& alij dicunt, mundum esse codicem Dei, cui o-
portéat nos insudare. Vnde in quodam sermone Bernardus, quibus non
datur gratia inquirendi Deum in supernaturalibus, ijs inquirendû cum
esse docet in naturalibus:ex his enim ad illa erigimur. Idem probat luculenter Richardus de S. Victore in libris Beniamin, serm. de contempla-
tione. Ratio etiam id suadet. Si enim propter sui gloriã ista creauit Deus,
vt ait Salomon, vult profecto nos ea admirari, laudareq; & celebrare ex
his autorem Deum: sicut pictor & poeta sapiens suas ipsorum picturas &
carmina legi volunt, & artis excellentiam inde agnoscí, artificemq; laudari. Adde quod in his animi diuinitas ostenditur magis, & acquiritur,
vt dictum est. Non ergo vana inquisitio. Quapropter inuidi sunt, aut ingenio & fide in Deum exigui, qui putant in Aristotele & alijs philosophis antiquis esse quiescendum, nec vltra quærendum, præsertim post e-
uangelij lucem & noui orbis ac stellarum inuentionem, quã prisci cãtue-
runt sicut & luce fidei:quæ perficit in nobis naturam supra ethnicos, nõ
deprimit sub eorum iugo;cum eorum philosophia sit catechismus, & nostra sit perfecta doctrina, teste Cyrillo:vnde in mundo, qui est liber Dei
& sapientia, melius legere poterimus, si gratiam, quæ est in nobis, non ne-
gligamus : & hoc dico cæteris paribus. Non enim rusticum ingenium
Christiani adæquamus ingenio Platonis:sed ingenia nasci, quale fuit in
Platône & alijs, ostendimus:quæ post euangelium plus proficere in scientijs valet quàm Plato & alij. Et hoc Plato in Hippia etiam dixit, quod
recentiores non cedant priscis, nisi ob inuidiam viuotum, & veneratio-
nem mortuotum. At neque desistendum, iterum probatur ex eo, quod
Deus bonus est quærenti se, vt ait Hieremias 1. & semper noua reuelat, vt
visum est supra:& dixit S. Bernardo:dum ista retines, aliud non accipies.
Non ergo frustra semper quærimus. Et S. Leo ait: Qui putat se in-
uenisse, non reperit quæsita, sed in inquisitione
defecit circa diuina.

(:)

Probatur assertio tertia.

QVod autem physiologiæ & astronomiæ metam nec Christus nec
Moyses posuerint, postquam vidimus quod prisci philosophi id non
præstiterint, nunc facile declaramus. Nam in euangelio Christus nunquam de physicis & astronomicis disputasse legitur, sed de moralibus, &
promissionibus vitæ æternæ:cuius viam exemplo & doctrina & sanguine
patefecit. Profecto etiam superfluum id fuisset. Si enim in origine mundi
tradidit Deus mundum disputationi hominum, vt operarentur & co-
gnoscerent Deum per ea quæ facta sunt; & vt hoc possimus, mentem rationalem nobis infudit, & vias inuestigandi quinque sensoria patefecit
illi quasi fenestras, vt docet Petrus apostolus apud Sanctum Clemen-
tem, per quas mundum, Dei statuam, aspiceret & quæ in ea sunt admira-
retur, & artificem Deum quæreret, quod & Chrysostomus super Psalm.
147. & alibi sæpe declarat, naturalia autem per originale peccatum non
amiserimus, vt theologi omnes contestantur; ergo superfluum fuisset,
eum qui venit redimere nos à peccatis, docere iterum; quæ per nos disce-
re debemus & possumus. Vnde nec apostolis ita docenda mandauit, sed
baptizare & docere, quæ ipse fecerat & docuerat, Matt. vltimo, & probare per miracula & martyrium, Matc. vltimo. Vnde Bernardus in sermone de Petro & Paulo ait: *Non docuerunt apostoli piscatoriam artem, aut scenofa-*
ctoriam, neque aliquid huiusmodi; non Platonem legere, non Aristotelis versutias in-
uersare, &c. sed viuere me docuerunt, &c. Item S. Clemens in 1. recognit. in-
troducit Barnabam interrogatum à philosopho Romano, cur exiguus
culex sex pedibus à natura donatus sit, elephas autem tam magnus quatu-
or tantum, respondisse se à Christo in mandatis habere doctrinam regni
cœlorum non autem physicarum rerum quæ naturaliter inuestigari possunt. Nec reprobarunt apostoli philosophiam, cum Christus potius cō-
mendet Pharisæos, quod ex cœli facie de pluuijs & serenitate prognosti-
carentur; licet condemnet, quod tempus Messiæ ex scripturis non agno-
scerent eodem modo; vt etiam conqueritur. Ieremiæ 10.

Quod autem nec Moyses præscripserit fines in scientijs humanis, nec
Deus physiologiam per eum docuerit aut astronomiam, palam est. Quoniam Salomon ait, Deum tradidisse mundum disputationi hominum; &

ipse inuestigauit diligenter de omnibus rebus, naturam inspectando, nõ
saltem Moysis codicem. Qui Moyses de cœli & terræ & cunctarum rerum
creatione & ornatu dixit aliquá summatim, quatenus legislatori, non
physiologo, deseruirent. Vt enim ostēderet eúdem Deum, qui sibi legem
dederat, creatorem & gubernatorem mundi, à creatione incipit, & per
gubernationem incedit, & ad particularem gubernandi modum per legé
sibi datam deuenit. Idem probatur ex omnium patrum testimonio : qui
insuper addunt Moysen populari stylo vsum, non philosophico; & potius
iuxta sensum plebis, quam iuxta philosophicum intellectum. Vnde cum
esset mirificus in omni scientia, diuina & humana, imbutus omni sapientia Ægyptiorum, vt dicitur Act. 7. & Philo ac Iosephus probãt, sic populo satisfecit, vt tamé philosophis satisfeceret. Namque omnia non solum
ex verbis, sed ex factis, intelligenda dedit eis, qui mystice intelligūt, vt patet in constructione tabernaculi ad instar cœlestium, & de candelabro v-
bi septem planetæ, & de vestibus Aaronis vbi totus orbis terrarũ & ma-
gnalia parentum figuratá erant, vt dicit Salomon Sapiēt. 18. & probat
Paulus ad Hebræos, & Rabbini. Quapropter Augustinus & Chrysostomus docent, Moysen angelorum creationem tacuisse, quod rudes populi non potuerint intelligere res incorporeas; ac, cum proni essent ad Ido-
lolatriam; ne illos adorarent: interim, cum dixit faciendo cœlum, *fiat lux*,
de angelis intelligi posse apud sapientes: Item nec de materia plebi mentionem eũ fecisse, sed aquæ & terræ nomine apud doctos intelligi posse.
Item posuit sex dies Moyses in creatione qui Augustino non sunt physi-
ci, sicut ceteris patribus, sed angelici. Item D. Thomas in q. 68. p. p. docet,
nec de aëre mētionem fecisse Moysen, quoniam populo rudi nihil ignotum proponere voluerit: est autē ignotum populo, an aër sit corpus, quoniam inuisibilis, sed per tenebras super faciem abyssi insinuat. Sic omnes
patres textum Moysis ad philosophiam trahentes, pari consensu excu-
sant eius modũ loquendi ex populi in capacitate. Vnde Anastasius episcopus, ad sensuum allegoriam magis inspexisse Moysen, in suis allegorijs
super Moysen ostendit. Tandem Chrysostomus, huius prudentiæ Mosa-
icæ præco maximus, cum allegoriarum sit fere hostis, & ad literalem sensum fere omnia reducat, & moralem; tamen in hoc libro fatetur, Moysen
in cunctis fere verbis rudi populo sermonem attemperasse; & præcipue,
quando Moyses ait, Deũ fecisse duo luminaria magna, quum enim luna
stellis

stellis multis terraꝗ; sit minor, dicitur luminare maius propter effectum
erga nos, &quia ad sensum maior apparet. Et D. Thomas in q. 70. art. 1. o-
stendit, Moysen sequutum esse sensum heic vulgarem in loquendo, sicuti
in cæteris, non autem rationem; ratio enim lunam minorem facit & idé
dicit in stellarum & cœli motu; & quoniam motus luminarium sit sensui
obuius non autem sphærarum, non dixisse de his quod moueantur; quod
dicendum fuerat, si vera est Aristotelis sententia. Vide resp. ad 3. & ad 5.
Quamobrem qui vellet condemnare astronomos, quod ponant lunam
plurimis stellis minorem, & tertiam tellutis partem fere, & lucere lumine
non propterea quod Moyses vocet eam luminare magnum; is ridiculus
esset, & ignoranter impius, vt mox declarabimus in assertione quinta.

Probatur assertio quarta.

QVoniam omnis hominum secta, aut lex, quæ naturalium rerum inue-
stigationem suis vetat sequacibus, falsitatis nomine suspecta haberi
debet. Cü enim veritas veritati non contradicat, vt habetur in cöcilio Lateranensi sub Leone X. & alibi, nec liber sapientiæ Dei creantis libro sapientiæ Dei reuelantis; qui timet à naturalibus contradictionem, propriæ
falsitatis est cöscius. Propterea enim omnes fatemur, Machometanis ob
id scientias esse prohibitas. Nä quando Mauri philosophabantur, plurimi
eorü, detecta fraude, cötra fidem Machometanä scripserunt, vt Auerroes,
Auicenna, Alfarabius, Haly, Albenragel, Albumasar, & alij philosophi &
astronomi, vt in Antimachiauellismo ostendimus. Propterea quidam rex
Mauroru, vt Boterus narrat, scientias suis prohibuit. Idemꝗ; seruät reges
Turcarü. Item apud gentiles cautü lege erat, ne de dijs inuestigatio curio-
sa fieret, Idcircoque Plato in Timæo admonet, de dijs sic loquendum, vt
legislatores & dij volunt, cum tamen eius secta vnum modo Deum vellet. Et Chrysostomus, super epistola ad Romanos, condemnat Socratem,
quod cü deorü falsitatem nosset, tamen moriens dixerit, Gallü debemus
Æsculapio, de quo Plato in Phædone. Item Athenienses Anaxagorä &
Socratem & Aristotelem & alios philosophos persequuti sunt ad necem,
quoniä de dijs inquirere, quod lex vetarat, ausi fuere. Eos veritaté de Deo
agnouisse, apostolus testatur, & Cicero, & Cato apud Lucanü, & alij multi. Igitur qui volunt, lege Christiana vetari veras scientias, & studia, & in-
quisitionem rerum physicarum ac cœlestium; hi vel male sentiunt de
Chri-

Chriſtianiſmo, vel, vt alij male ſuſpicentur, ſunt cauſa. Porro ſi veraciter
lex Chriſtiana omnibus eſt pleniſſima veritatibus, nullius mendacij par-
ticeps; non modo à contemplantibus nihil metuit, ſed teſtimonium ab
eis inuenit. Hoc diuus Thom. in 1 contra gentiles, & in opuſc. contra impugnantes religionem, contra eos qui philoſophiam & alias ſcientias in
monachis damnabant, dicere videtur. Idem probat ratione in 1. q. 1. & i-
terum ex autoritate Salomonis, Prouerb. 9. quod *ſapientia*, id eſt, theologia, *mittat ancillas ſuas*, id eſt, ſcientias, *vt vocarent ad arcem &c.* Non ergo
fugat ſcientias, ſed vtitur eis ad conuocandos homines in regnum cœlorum; quoniam ſibi ſunt ancillæ, & veraciter ſeruiunt, non contradicunt.
Nam quæ contradicunt, ſcientiæ non ſunt, ſed phantaſiæ philoſophorum
vanorum, vt docemur ex concilio Lateranenſi, & in Niceno 1. & in articulis Lutetiæ damnatis. Item quod iubeat, non vetet ſcientias, itẽ ſum
probatur ex eo quod Chriſtus, 1. Cor. 3. eſt Dei virtus & Dei ſapientia. Vt
autem dicitur Eccleſ. 1. Omnis ſapientia à domino Deo eſt, & radix ſapi-
entiæ verbum Dei. Qui ergo Chriſtiani ſunt, ijdem ſunt ſapientes & rationales. Verbum enim Dei eſt ratio ſumma, à qua dicimur rationales
per participationem. Et tales nos Chriſtus eſſe vult, opere & veritate ſibi
perſimilimos. Quamobrem qui generaliter dicunt, non eſſe plus ſaplen-
dum, nec quæritandum in ratiocinio, niſi quæ ab alijs hominibus habemus, ij Chriſtiani quodammodo non ſunt, & Chriſto contradicunt, eiuſ-
que ſimilitudinem nobis minuunt. Terminant enim opera ſapienciæ Dei
intra pugillum cerebri vnius hominis; & ingenio humano, non Chriſto,
captiuant intellectum, vt vult Paulus, qui omnes tyrannos & ſapientes
huius mundi & omnem intellectum ſubijcit Chriſto, 2. Corint. 10. In cuius compedes noſtros pedes inijcit Eccleſiaſticus, & in torquem collum.
Qui autem in Ariſtotelis aut Ptolomæi aut alterius compedes nos inclu-
dunt, vt Auerroiſtæ, à quo non eſt innoxius Antonius Mirandulanus; pu-
tantes, meliora ingenia Deum non amplius facere, aut eorum dictis nos
ligant, & ſcripturarum ſenſum ad eorum dicta torquent, & non ex rerum
natura, qui eſt liber Dei, Dei ſcripturam longe melius declarans; hi Chriſtiani vere non ſunt. Latiſſima eſt ſapientia Dei, non coarctata ingenio
vnius hominis; & quanto plus quæritur, tanto plus inuenitur in ea; imo
agnoſcitur quod nihil ſciamus, cum tot tantaque ignorare didicerimus.
Et hanc ſcientiam Salomon in Eccleſ. vidit, & apoſtolus commendat, &

Socra-

Socrates in se intellexit. Nec, qui putant se scire, quoniam Aristotelem
sciunt, aut aliqua noua de mundo, Dei libro, vt Galilæus, hi sciunt, quomodo oporteat eos scire; nec vere sapientes sunt, nisi sciant, longe pluri-
ma sese ignorare, nec ab inuestigatione, quasi sciuerimus, desistendum; vt
S. Leo monet, & Ecclesiasticus c. 42. & 43. Quasi enim scintilla est quod
scimus. Legitur ergo sapientia in toto Dei codice, qui est mundus: & semper plus inuenitur. Ad illum igitur, non ad hominum codicillos, nos re-
mittunt scriptores sacri. Vtimur tantum doctrinis gentilium, quatenus
rationales sunt à ratione prima Christo. Et quamuis illi supernaturalibus
non credant, non propterea in naturalibus non sunt participes Christi.
Et idcirco auferendum ab eis, si quid boni dicunt, (ait August. 2. de doct.
Christi.) tanquam ab iniustis possessoribus; qui cum veritatem cognouissent, non honorificauerunt; ideoque meruerunt fidem non accipere
supernaturalem. Agnoscimus tamen in eis quod Christi est: sed nostrates præferimus. Nam gratia perficit naturam, etiam in naturalibus, vt docent patres, & D. Thom. 2. 2. Ergo habiliores sunt Christiani ad veritates
inuestigandas, quam ethnici, si cætera sunt paria. Iniuriam itaque Christo facit, qui ethnico se subijcit. *Sub omni ligno frondoso prosternebaris mere-*
trix, dicit Propheta. Hoc Hieronymus intellexit de his, qui sapientiæ secularium se prosternunt. Propterea in epist. ad Pammachium; ex figura
testamenti veteris, *Si amaueris*, inquit, *mulierem alienigenam, hoc est scientiam*
secularem gentilium, reseca eius capillos, & vngues laua, &c. Et hunc modum in
Concilio Lateranen. docemur. Et in quæstione nostra, vtrum expediat
nouam cudere philosophiam, ostendimus, quod hoc tempore, quando
superbit ancilla supra dominam theologiam, explodenda sit sicut Agar.
Et quia filij Israel ex parte Iudaice, & ex parte loquuntur Azotice. Abij-
ciendæ sunt, vt iubet Esdras, vxores alienigenæ, & capiendæ de filijs Iu-
da, hoc est, de doctrinis sanctorum, & de mundo, Dei codice, sunt refici-
endæ scientiæ, vt nos secimus, & Galilæus facere non cessat. S. Thomas
etiam 1. quest. 1. ait, quod gentiles tanquam testes contra seipsos, non tanquam iudices, nec vt testes contra nos, citentur in scholis theologorum.
Mirum igitur, quod pro magistris habentur; (vt Bembus stupet,) etiam
theologorum. Absit hoc.

Ergo qui vetant Christianis philosophiam, quid sit Christianum esse, non intelligunt; & sunt similes Iuliano Imperatori, qui ex fide aposta-

D   tauit

tauit, & interdixit Christianis omnes scientias: vt suis ancillis destituta theologia, non posset vocare homines ad mœnia cluitatis Dei. Et hoc etiam D. Thomas in eodem libello considerat. Quid nunc vocaret eos qui prohibent nos philosophari in libro Christi, qui est mundus, cum Iulianistas faciat eos, qui monachis in libris secularium legere prohibitum esse volebant? Excusatione non habent à scriptura Dei. Non enim illud, *Nolite sapere plusquã oportet*, &, *Qui videtur sibi sapiens esse, stultus fiat*, est contra nos, sed pro nobis. Non equidè studium vetat philosophandi sed nõ philosophandi vltra, quasi omnia sciuerimus, & sapientiã ex proprio arbitratu supra reuelatã doctrinam se erigentem, & metientè suo modulo diuina dogmata, vt faciunt gentiles & hæretici & qui ponunt scripturarum lucernam sub modio Aristotelico. Vnde in libro Iob, contra prudentiàm humanam multa dicuntur, & in Isaia contra Astrologiam. Constat autem, prudentiam esse diuinissimam virtutem, & astrologiam scientiam vtilissimam, vt Hieronymus docet in prologo bibliorum. Ergo prohibetur prudentia humana, quando supra diuinám exaltatùr Machiauellisticè; & quando putat, se proprio studio assequi posse, quod supra naturàm est, & non postulat à Deo: similiter & astrologia, quæ supra prophetas in Babylonè se erigebat, & præsumebat futura contingentia certò prænuntiare; non autem quæ prophetiæ subijcitur, & sapit ad sobrietatém coniecturaliter de futuris. Et sic dicito de scientijs alijs.

APPENDIX. Ad glóriam Christianæ religionis nõ modo spectat, permittere studium inueniendi nouas scientias, veteresq; renouandi, sc vt non indigeamus vngues & capillos alienigenarum resecare, sed etiam spectat facere, ne semper Machiauellus & Iulianus insultent nobis, quod Christi, sapientiæ Dei spectatores cum simus, tamen scientias à gentilibus per nos damnatas mendicamus, quasi faciendo illos nobis meliores, Cui argumento supra ex Augustino respondimus; & prolixius in Antimachiauellismo, vbi etiam subiecimus quod approbatio scientiarum in Christianismo sit vinculum magnum inter alia, quæ me retinent in ecclesia Dei: credo quod & alios: cur illud nunc rumpamus.

(∴)

Probatur assertio quinta.

SI ergo libertas philosophandi plus viget in Christianismo, quam in cæteris nationibus, vt probatum est; quicunque philosophantibus leges & metas præscribit ex proprio arbitratu, tanquam ex S. Scripturæ decretis, non aliter sentiendum docens ac ipse sentit, & scripturas vni tantum sensui sui ipsius aut alterius philosophi subijcit & coarctat; is non modo irrationabiliter & perniciose, sed etiam impie se habet: quippe quia scripturas sanctas ludibrio philosophorum & irrisionibus gentilium ac hæreticorum exponit; quibus etiam aditum ad fidem præcludit, nec vocat ad arcem, sed euocat ab arce fidei; infideles: & spiritui sancto simul iniuriam facit. Cuius sermo cum sit prægnantissimus & fœcundissimus, (teste Augustino de doct. Christiana, & Chrysostomo super psalmos, Ambrosio & Origene in omnibus operibus ipsorum, & Gregor. 15. moral.) redditur hac de causa sterilissimus. Fæcundissimus autem est non solum in sensu mystico, sed etiam in litterali, vt August. docet in 1. de trinit. & D. Thomas in 1.q. 1.art. 10. & Caietanus Cardinalis ibidem. Patitur enim omnes sensus & expositiones, quæ alijs scripturæ textibus non contradicunt directe vel indirecte, vt habetur in q 32. art. 4.

Huiusmodi præterea multiplicis expositionis eam reddit causam D. Thom. opusc. 10. q. 18. quam pridem dixerat Augustinus 1. super. Gen. ad lit. *Multis, inquiens, existibus sacra scriptura verba exponuntur, vt se ab irrisione cohibeant instali literis secularibus.* In lib. vero de trinit. vt varijs vijs cauilli hæreticorum eludantur, idem fieri docet. Item D. Thomas in eiusdem opuscul. procemio: *Hoc in principio profiteor, quod plures horum articulorum ad fidei doctrinam non pertinent, sed magis ad philosophorum dogmata. Multum autem nocet talia, quæ ad pietatis doctrinam non spectant, asserere vel negare, quasi pertinentia ad sacram doctrinam. Dicit enim Augustinus in 5. Confess. Cum audio Christianum aliquem ista (scilicet quæ philosophi de cælo & stellis & de solis lunæ motibus dixerunt) nescientem, & aliud pro alio sentientem patienter intueor opinantem hominem: nec illi obesse video, quam de te, Domine creator omnium, non credat indigna, si forte situs & habitus creaturæ ignoret: obest autem, si hæc ad pietatis doctrinam pertinere arbitretur, & pertinacius affirmare audeat, quod ignorat. Quod autem obsit manifeste,* (subsequitur D. Thom.) mani-

 festat

festat idem Augustinus 1. super Genes. ad litteram. Turpe est, inquit, nimis, & perni-
tiosum, ac maxime cauendum, vt ne Christianum de his rebus, quasi secundum Christianas literas loquentem, ita delirare quilibet infidelis audiat, & ; quemadmodum
dicitur, toto cælo aberrare conspiciens, risum tenere vix possit. Et non tam mole-
stum est, quod errans homo videatur, sed quod auteres nostri talia sensisse creduntur
ab eis, qui foris sunt, & cum magno eorum exitio de quorum salute satagimus, tanquam indocti reprehenduntur. Vnde mihi videtur tutius esse, vt hæc qua philosophi
communes senserunt & nostra fidei non repugnant, neque esse asserenda, existime-
mus vt dogmata fidei, licet aliquando sub nomine philosophorum introducantur, neque sic esse neganda tanquam fidei contraria, ne sapientibus huius mundi contem-
nendi doctrinam fidei occasio præbeatur. Hæc D. Thomas cum S. Augustino.
Ex quibus patet, quam imperite, & contra patrum decreta, recentiores
quidam Aristotelismum, quasi de fide esset, defendant, propterea quod
D. Thomas Aristotelem exposuerit; quum hic omnino contrarium do-
ceat, vt in responf. etiam ad argumenta plenius videbimus. Ergo Vlysses
Albergettus de his est, volens lunam proprio lucere lumine, quia scriptura dicat, luna non dabit lumen suum, faciens vim in ꝥ suum; quod multas tamen patitur expositiones. Sed quid mirum, quando & ipse Augustinus
& alij patres sic errauerunt, non in vniuersali quam docuerunt, sed in
particulari huius syllogismi propositione deficientes. Lactantius Firmianus enim prius in lib. 3. cap. 25. & Augustinus in 16. de ciuit. Dei constan-
ter affirmant, antipodas non exstare, quia illi homines ex Adam non ve-
nerint origine, quod est contra scripturam, facientem ex vno omne genus hominum: Addunt & rationes physicas. Procopius Gazæus anno
Domini 500. contexuit catenam expositionum super S. Scripturas ex o-
mnium patrum momumentis; & probat, antipodas non exstare. Et ex eorum dictis & autoritatibus sacræ Scripturæ S. Ephrem in toto altero hemisphærio, à Columbo inuento, paradisum terrestrem ponit. Et quidem
pro hæreticis habetur apud patres quosdam, qui antipodas ponunt. Nihilominus eorū assertio contraria veritati per nauigantes panditur. Vnde si vere contrarium scripturis Dei est, exstare antipodas, vt illi dixerūt,
aut paradisum terrestrem illic esse aut inferos & purgatorium, vt Dan-
thes, Isidorus & alij opinati sunt, sequitur quod veritas iam propalata per
columbum sit contraria scripturis Dei aut dissona. Præterea idem
Procopius & alij putabant, terram esse super aquas fundatam & ei
                                                            innata-

innafate, quod olim Xenophanes philofophus dixerat: quá opinioném probant è fcripturis, dicente Dauid: *Qui firmauit terram fuper aquas*, in Pf. 135. & in Pf. 123. *Super maria fundauit eam*. Nihilominus nunc penfilis ap paret in medio mundi, feipfam fuftentans & aquas, & non ab aquis fuftentata deorfum, yt ipfi credebant. Neque enim datur deorfum fecundum naturam, nifi centrum, fecundum cuiufque fyftematis conferuationem, contendentibus partibus ad centrum, yt vnio totius & conferuatio celebretur; vnde etiam partes folis ponderant ad centrum folis, & partes lunæ ad centrum lunæ; Quòd anxie torfit S. Ambrofium, ne motus cœli fit cópofitus ex eleuatione aut depreffione, vnde inclinabat ad quietem eius cum Chryfoftomo & alijs partibus. Quæ tamen argumèta in mathematicis parui funt momenti. Vide, quam perniciofum fit ifta affirmare, quafi fint de fide. Philaftrius epifcopus quædam de fide effe pronuticiat, quæ funt contraria fidei; vt, quod tantus fit numerus annorum mundi, quantus ab ipfo ponitur; & quòd; quando Deus infpirauit Adamo fpiraculum vitæ, non dederit ei animam, fed fpiritum fanctum; & tamen à catholicis & hæreticis irridetur in vtroque afferto. Cautior fuit Beda, quod hydropifis fit morb. ex vitio veficæ natus; & D. Thomas; quod fub æquatore non poffint habitare homines; Ariftotelis autoritate motus, quamuis Albertus & Auicenna contrarium fenferint: nam non quafi de fide ifta protulerunt, cùm poffet allegare D. Thomas gladium flammeum; & núc geographia & medicina redarguit eos, fed abfque periculo fidei. Fœdius errarunt, qui zonam torridam effe gladium flammeum angeli cuftodietis viam paradifi docent; cum iam nihil impedimenti viatoribus & nauigatibus zonam illam afferre compertum fit. Quid dicent Ethnici & Machometiftæ, quando ifta tanquam ex fcripturis nobis pofita, audiût? Nos poffemus in Machometum retorquere, quòd fub ifta terra ponat alias feptem terras, & bouem, & pifcem, cuius caput in oriente, & cauda in occafu, fuftinentes has tellures. Sed leuis eft confolatio, aliorum errorem pandere, quando & vbi & nos etiam erramus.

Quas ob res fi Galileus vicerit, non modicam irrifionem comparabût Romanæ fidei hoftri theologi apud hæreticos, quum iam omnes hanc doctrinam & telefcopium auide amplexati fint in Germania, Gallia, Anglia, Polonia, Dania, Suecia, &c. Si autem falfa fit Galilei fententia, nil incommodabit theologicæ doctrinæ. Non enim omne falfum eft contra

fidem in ecclesia militanti, quemadmodum fortassis est in triumphanti.
Alioquin errores in physiologia sanctorum, deprehensi, eos hereticos esse
probarent. Item si falsa inuenietur, non perdurabit. Quapropter arbitror,
non debere hunc philosophandi modum vetari; tum quia auidius ab hæreticis amplexabitur, & nos irridebimur scimus, quantopere conquesti
sint Vltramontani ob determinationes quasdam in Concilio Tridenti-
no factas: Quid facient, cum contra physicos & astronomos nos insurge-
re audient? Nonne statim acclamabunt, quod naturæ, nedum scripturæ,
vim inferamus. Scit hæc Cardinalis Bellarminus, Tum quia Augustinus
& Thomas sentiunt, vt probatum est, permitti debere, sicut permittitur,
dicere, cœlum esse de quinta essentia, & dies à planetarum dominijs no-
minati, vt notat D. Thomas in opusc. 10. art. 39, sicut in procemio definie-
rat.

Probatur assertio sexta.

SExta assertio non indiget alia probatione. Palam enim est, quod nisi e-
uidenter directe vel indirecte repugnet scripturis sacris, aut decretis
Ecclesiasticis, non sit falsitas contra doctrinam catholicam, & vt D. Thomas & Augustinus in assertione 4. allegata dixerunt, in his retinendis sit
assensus, & non temere pronunciandum intra Ecclesiam. Ex dictis patet,
quod doctores theologi multos errores amplexi sint ex philosophia gen-
tili, vt illud de terra super aquas ex Xenophane; & quod antipodes nö ex-
stet, & sol per boreales terræ partes noctu feratur & propter montes nö videatur, vt Aristot. 2. met. testatur; & quod sub zona torrida non sit habitatio; & quod paradisus terrestris sit in insulis fortunatis, aut in oriente apud
Chinenses, aut prope lunam; & alia huiusmodi: nec tamen sint hæretici
post detectam falsitatem. Et falsitas in Galileo deprehendi non potest.
quoniã ex obseruationibus sensatis in libro mundano procedit, non ex o-
pinione: neque loquitur tanquam de fide, vt deprehensus ipse irrideri &
cum eo scriptura possit. Sed hæc in solutione argumentorum, vbi,
quam perniciosa magis ex Aristotele recepta sint, etiam docebimus, absque fidei incommodatione.

(∵)

Hypothesis tertia.

HÆc oportet scire pro fundamentis, quicunque iudex esse velit in hac
causa. Et quoniam de scripturæ sanctæ physiologia controuersia est
præsens, qui iudex esse cupit, debet, vt ex prædictis habetur ; modum ex-
ponēdi scripturarum sanctarum sensus mysticos & litterales omnes cal-
lere, secundum sanctorum patrum expositionem & naturæ cōdicem, per
omnes scientias, præcipue physicas, & mathematicas obseruationes. Si
quidem scriptura, quæ est liber Dei, sacrō libro Dei, qui est natura ; non
contradicit. Hunc autem per oculatissimum hominem, per omnes sciē-
tias versatum, oportet legi, vt vtriusq; libri concordias apparentes, & dis-
cordias latētes, examinare possit; Nec, prout Aristoteles aut alius decer-
nit, interpretari vtrumque, sed omnium philosophorum dogmata scire,
& sicut legimus, in vtroq; libro Dei, prōprijs sensibus & patrum spiritu &
ecclesiæ sanctæ fœcundissimo intellectu exponere debemus, ab omni inuidia & passione alieni, quæ iudicium obnubilant & torquent: ne simus de
illorum iudiciū numero, quos Horatius sigillat, de contemporaneo pro-
ptstea male sentiente:

Aut quia nil rectum, nisi quod placuit sibi, ducunt;
Aut quia turpe putant, parere minoribus, & quæ
Imberbes didicere, senes perdenda fateri.

Et S. Hieronymus in epist. ad Magnum, cū declarāsset, ōnium philosophorum disciplinis fuisse adornatos scriptores sanctos, addidit: *Quæso
vt suadeas eis, (qui super prædictis eum reprehendebant) vt vescentium den-
tibus inuideat edentulæ, aut oculos caprearum talpa contemninat.* Nō enim nisi ex
inuidia, quod talia ipsi ignorent aut se rē desperent, aut iterùm fieri disci-
puli verecundehtur quùm nunc vocētur magistri, sublimiorbus incom-
modos modernis ingenijs sese efficiunt.

Conclusio huius capitis tertij.

ERgo probatum est, quod hæc zelus Dei sine scientia, vt dicebat Bernardus, nec scientia sine zelo Dei possit de his iudicare: ac quæ sint sci-
enda ; & quo pacto zelandum pro Deo, non pro homine, præ oculis
haben-

habendo illud Num. 11. vbi Iofue, dum zelatur pro Moyfe ideoque ægre
fert quod alij in caftris prophetarent, audiuit, *Quis det, vt vniuerfus populus
prophetet, & det illi dominus fpiritum fuum.* Quod nunc diceret longe magis de fe D. Thomas. Vnde magis erubefcamus, quod pro Ariftotele, non
pro Moyfe, aut pro D. Thoma craffe zelantes, noftros Chriftianos præ
gentilibus philofophari prohibemus.

CAPVT IV.

*Refpondetur ad argumenta, contra Galileum capite primo
propofita,*

Ad primum.

AD primum ergo contra Galileum, refpondebamus in quæftione præcedenti vbi examinauimus, an liceat nouam cudere philofophiam,
& Peripateci fmum autoritate fpoliare. Nunc autem breuiter dicimus,
hæreticum effe affertum, quod theologia fundetur in Ariftotelifmo, aut
quod indigeat philofophorum doctrinis ad fui probatione ex parte fui,
fed tantum ex parte noftri Ariftotelem allegari, non vt fit iudex in theologia, neque teftis contra nos, fed teftis còtra gentiles fuos & alios fophi-
ftas, & quando vt teftis eorum quæ in mundo vidit, non vt opinatur, ad-
fertur, quod probatum eft in fecunda hypothefi ex D. Thomæ 1. q. 1. & 1.
contra gentil. & opufc. 10. Et quando D. Thomas videbatur effe nimius,
contra proprium præceptum, in allegando Ariftotele, dum theologiam
fcribit, reprehenditur de hoc in articulis Parifienfibus. Poteft tamen ex-
cufari nō inepte, vti nos excufauimus in quæftione prædicta. Item fi quis
condemnat Galileum, quia Ariftoteli aduerfetur, condemnabit prius
Auguftinum, Ambrofium, Bafilium, Eufebium, Origenem, Chryfofto-
mum, Iuftinum, & alios fanctos Ecclefiæque doctores, qui Ariftotelem
non modo in metaphyficis fed & in phyficis dogmatibus fere cunctis cō-
demnarunt, & Platoni potius aut Stoicis fauerunt; vt patet legentibus.
Imo S. Iuftinus, cognomento philofophus & martyr librum fcripfit, ad-
titulatum contra Ariftotelem. Quapropter nefciunt, quid dicant, & im-
piè errant, (vt probatum eft in affertione quinta hypothefeos fecundæ,)

qui

qui putant, Aristotelis ruinam in theologiam vel tantillum redundare. Nos autem & contrarium probauimus. Nisi enim eius autoritas euertatur, adhuc nos infestabunt hæreses eius, videlicet 1. quòd motus sit æternus, cùm alioqui non esset Deus; quòd Aristotelem firmiter tenuisse lib 8. physicorum, & 12. metaphys. etiam D. Thomas ibi, lect. 10. testatur, contraq; ipsum pugnat, nedum Iustinus, & patres alij. Item 2. quòd anima sit immortalis, vel vna tantùm immortalis in cunctis hominibus: 3. quòd Deus inferiora non respiciat: 4. quòd contra Angelos moueat: 5. quòd post mortem non sit pœna hec prœmium? 6. quòd inferi sint fabula: 7. quod Deus agat de necessitate: 8. quòd fortuna rescindat seriem prouidentiæ: & alia multa, quæ dicit contra fidem, etiam teste D. Thoma, nedum Auerroe, & Alexandro, & cæteris Græcis atque Arabibus. Proptereaque à S. Vincentio, & Doctrino Serafino de firmo, in expositione apocalypseos, vocatur Aristoteles phiala iræ Dei super aquas sapientiæ effusa à tertio angelo. Et Origenes dicit Aristotelem Epicuro peiorem & impium magis, in lib. contra Celsum. Vide etiam quæ & quanta contra eum testentur Augustinus, Ambrosius & Iustinus, qui exponunt Aristotelem in suo sensu. Quapropter miror, quomodo scioli fundari theologiam putent in Aristotele, & hoc S. Thomæ impingant etiam nostri fratres aliqui, ex hoc ipsum laudantes, sicut imposuerunt olim Theologi Parisienses, eum ex hoc reprehendentes; cuius contrarium D. Thomas profitetur & testatur. Cur autem Aristotelem exposuerit, & eo vsus fuerit in bonum fidei, faciendo de veneno theriacam, in articulo præcedenti dictum est.

Galilæus autem fidei fundamentis inhæret, & de naturalibus loquitur sobrie, sicut testis obseruationum, non sicut opinator, vti facit Aristoteles de cerebro suo. Quare propter hoc laudandus est. Infirmatio enim infidelium dogmatum & mendaciorum gentilium, est roboratio Christianismi, non euersio theologiæ. Et hoc esse vnum ex his, quæ iudicem scire decet, præfati sumus. Quod autem hæreses ex Aristotelismo prodierint, ex Nicephoro & cæteris historicis ecclesiasticis nos alibi ostendimus; vt &, quomodo Aristoteles Auerroista sit officina Machiauellismi, & philosophia, quæ sumitur ex mundo Dei libro, ancilletur theologiæ & contestetur, non quæ ex opinante Aristotele aut quouis alio.

E   Adse-

Ad secundum.

AD 2 respondeo, negando quod Galilei dogmata scholasticis omnibus atque patribus aduersentur. Nam etsi aliquibus eorum non consonat ad litteram, consonant tamen secundum intentionem, Ipsi enim veritatem sibi anteponendam esse voluerunt;nec de Philosophicis tanquam testes, sed tanquam opinatores & recitatores loquuti sunt. Vnde testes illis praeferri debent:sicut Christophorus Columbus nunc praefertur Lactantio, Procopio, Ephremio, alijsq; sanctis doctoribus ; & Magellanes S. Thomae, & Anton. & alijs.

In hoc ego insuper ostendam, *primo* quod theologi quidam amplexati sint Philosophorum dogmata magis pugnantia cum scripturis & sanctis doctoribus, quam sunt dogmata Galilei : *secundo*, quod plerique ex patribus & scholasticis cum Galileo sentiant:*tertio* & scripturam illi magis fauere, quam eius aduersarijs.

Primum probatur. Nam coelum non esse quintam essentiam, sed ex elementis aut igne solo constitutum, praesertim sydera, omnes philosophi olim docuerunt, & sancti, Augustinus, Ambrosius, Basilius, Iustinus, Cyrillus, Chrysostomus, Theodoretus; Bernardus in sermone, *Multi, mitta sole, & magister sententiarum.* Et hoc ex scripturis probat Ambros. in Hexaem. lib. 4. vbi dicitur, *Caeli peribunt, & omnes sicut vestimentum veterascent.* Ide facit Philoponus, pro Christianis exponendo libros de Coelo Aristotelis contra Aristotelem. Nihilominus scholastici multi absq; scripturarum, vt dicunt, damno, coelum de quinta natura faciunt. Quod innumeris in locis Ambrosius, tanquam fictitium, & diabolicum inuentum, detestatur: vt & Iustinus & Basilius. At S. Thomas, qui Aristotelem exposuit, in 1. tamen textum Moysis de operibus sex dierum exponit ad vtramq; partem, & de sententia philosophorum ac patrum, & de sententia Aristotelis, sed illam textui magis conuenire, semper docet in q. 65. 66. 67. 70. 71. Aristotelicam vero magis repugnare;quod scioli non animaduerterunt. Praeterea solem esse formaliter calidissimum & lucidissimum, scriptura Dei testatur, Nam 1. Genes. sit *luminare maius*; de calore vero eius habetur in Psal. 18. item Sap. 2. & Eccl. 43. & alibi pluries: & in Sap. 17. datur illum inauo igni, & *stellarum limpidis flammis.* Hoc autem ita se habere, & haeresin esse, contrarium sentire, docet Amb: in hexaem. li. 4. & Basilius

silius idem sentit, imo Aug. quoqi & Chrys. & Iustinus, & Beth. & Origenes, & Philoponus, & omnes quotquot legi patres. Et ecclesia canit in
hymno Ambrosiano, *Iam sol recedit igneus:* Nihilominus quod sol non sit
calidus formaliter, sentiunt alij scholastici absq; hæreseos labe, nec ecclesia id prohibet sentire. Ipse quoqi Aristot. autor positionis, nec lucem in
sole ponit, vt patet ex 2. de cœlo, tex. 42. vbi lucem & calorem fieri ex aeris attritione docet; & Simplicius contestatur, sic Arist. sentire, vt & A-
lexander. Item Auerroes in lib. de substant. orb. cælest. Aristotelem luce
& calorem soli abstulisse perhibet; sed à recentioribus, doctrinæ Aristotelis non acquiescentibus, lucem esse restitutam. Et profecto si lux resti-
tui debet ne scripturis aduersemur, debet & calor. Propterea enim abstu-
lit Aristoteles lucen, ne sol sit igneus. Et tamen contra Aristotelem & literam scripturæ multi modernorum sentiant aliter, nec vetantur. Galilæus vero sua ex sensu probat dogmata, & vetatur obseruare codice Dei?
Omitto alias opiniones, quæ à maioribus referebantur, tanquam de fide, iam
per communem experientiam ostenduntur esse falsæ, vt, quod antipodes
non existent, quod non sit habitatio sub æquatore, quod paradisus aut inferi sint in altero hemisphærio aut in insulis fortunatis, item quod Procopius, Eusebius & alij terram super aquas fundarint ex scriptura, eius co-
trarium ostendentes alij, non damnati sunt, & nunc ab experientia de-
funduntur. Quæ militant pro Galilæo.

Secundum probatur. Et primio an terra sit in centro mundi an extra, non
modo nihil pertinet ad dogma fidei, vt dicebat D. Thom. in 4. assertione, sed asseritur etiam posterius à patribus & scholasticis. Imprimis Lactantius lib. 3. c. 23. Procopius, Diodotus Episcopus Tarsensis, Eusebius
Episcopus Emissenus, Iustin. in q. ad orthodoxos, & alij existimant, non
esse terram in centro mundi, nec cœlum esse rotundum. Idem sentit Chry.
in ho. 6. & 13. super Gen. Et in homil. 31. super epistolam ad Roman. vbi sic
gehenna, ignotum esse putat mortalibus: quod & Augustinus docet lib.
21. de ciuit. Dei, c. 16. & Magister in 4. dist. 44. & D. Tom. opus. 11. art. 1s,
Gehennam autem esse in centro vel loco certe nostræ ex inferni vocabulo scitur, & quia Apostolus Ephes. 4. dixit, Christum *descendisse ad inferio-*
res partes terræ. Ergo ibi est infernus, nisi alias terras ponamus, & Dauid dicit de Christo ad inferiora profecto, vt exponit Petrus apostolus, Acto-
rum 2. *Non derelinquas animam meam in inferno.* Ergo vtrum terra sit in

centro mundi, est ignotum. At si tenebras infernales, *exteriores* à Christo vocatas, extra mundum quis ponat, vt aliquando suspicatur Origenes super Matthæum, & Chrysostomus opinatur super epistolam ad Romanos, sequeretur, quod sint alia systemata extra mundum nostrû; quod cēsores in Galilæo damnant, quia scripturam & sanctorum patrum codices scrutati non sunt. At extra controuersiam Chrysost. super 1. ad Thessal. hom. 7. de terra non tantum sciri posse dicit, quod sit frigida & sicca & nigra, ultra nihil; & præcipuè, quis locus eius & situs in mundo, &c. Ergo non docet nos scriptura, quod sit in centro potius quàm in circumferentia. Vti & Chrysostomus incertum esse docet, an moueatur, an verò stet. Nam vltra tres primò dictas conditiones, videl. frigiditatem, siccitatem & nigredinem, nihil sciri posse, definit. Cum Chrysost. autem Theophylactus est, & alij, vt Lactantius, August. Procopius, Diodorus & Eusebius: & Iustinus contendit, non esse in centro. Nescio ergo, cur nostri nunc theologi, absque præuijs demonstrationibus mathematicis aut experimêtis, & sine reuelationibus, se pro certo scire arbitrantur, quod terra sit in centro mundi & immobilis, & contrarium esse contra patres & scholasticos; quos non viderunt. At si vera sit sententia eorum, qui infernum in centro terræ nostræ ponunt, in quo ignis cruciet damnatos, vt Gregorius & alij videntur sentire, tunc oportebit terram esse mobilem. Nam Pythagoras, teste Aristotele, qui ponit in centro terræ locum pœnarum, & ignem motus causam, ponit terram mobilem & animatam, vt Ouidius quoque sentit in 15. metamorph. & Origenes super Ezechielem, & Alexander Aphrodisæus, & Plato. Sed D. Thomas opuscul. 11. art. 24. quia sit contra naturam nec possit miraculum tribui, ponit infernum alibi, & ignoratum. Oportet ergo, si est in centro terræ, terram esse intus calidam, & mobilem secundum Gregorium & alios poni ex ratione S. Thomæ. Non ergo repugnat positio Galilæi S. Gregorio, sed Aristotelismo.

Quod verò cælum stellatû sit immobile, docent Procopius, Diodorus, Eusebius & Iustinus, & Chrysostomus ibid. & in homil. 12. ad populum Antiochenum, & in homil. 14 & 17. super epistol. ad Hebræos, probat ex scripturis & rationibus, quod cœlum sit immobile. Nã dicit Apost. Heb. 8. loquens de cœlo, quod sit tabernaculum sacerdotis Christi, *quod fixit Dñs & non homo*; vbi fixû pronunciatur cœlû & non mobile; sicut & in c.

12. Augustin. vero in 2. super Genesin ad lit. c. 10. narrat, à mathe maticis sui temporis, certissimis demonstrationibus esse probatum, quod coelum sit immobile: nec debere philosophos in his repudiari, nec satis amplecti, ne derisioni theologiam & nos ipsos demus. Praeterea praefati patres putant, coelum non esse mobile nec rotundum, quia alias contradicatur prophetis & Moysi, & Psalmo 103. qui iuxta litteram Chrysostomi ait, *Statuit coelum tanquam testudinem, & extendit ipsum tanquam tentorium.* Et hanc fuisse olim cotrouersiam inter Christianos & getiles, Iustinus memorat. Copernicus autem hoc probat ex nomine, quia omnia caelat. Nos etiam cum Basilio, quod sit caloris opere extensum. Praeterea Beda & Strabus & praedicti patres dicunt, coelum stellatum esse id, quod Moyses vocat *firmamentum*, ex quo vocabulo probant illi, quod sit firmum & stabile. Etenim & Paulus ait, *sicut illud Dei*, Et David: *Verbo Domini caeli firmati sunt.* Quod si moderni contradicunt, non propterea erit haeresis. Vnde miru, quod dogma Galilei putant esse contra omnes patres, cum contrarium patres senserint. Imo fuisse habet ipsorum opinionem communem, testatur Sixtus Senensis in bibliotheca sancta. Tandem Petrus Lombardus, magister omnium scholasticorum, qui doctrinas patrum callebat, 2. sent. dist. 14. *Cuius*, inquit, *figura sit coelum, spiritus sanctus dicere noluit.* Mox quaerens, ytrum sit fixum an mobile, ytrumque dici posse ex scriptura affirmat; prius quidem, quia vocetur firmamentum; posterius, quia stellae in eo, non ipsum, moueri videantur, possitque stare coelum, & stellae moueri, quum non sint sicut nodus in tabula. Et ita visui, videtur motum stellatu & textui, ponenti firmitatem, ut potest, satisfacit. Ergo inclinat ad sententiam Galilei. Non ergo apud patres est determinatu, nec apud scholasticos, quod terra stet, & coelum moueatur, ut dicunt aduersarii.

Tertium probatur. S. Thomas super lib. 2. de coelo, à lect. 10. usque ad extremam, ubi Aristotelis hanc, de motu terrae & stabilitate firmamenti, opinionem examinat, nunquam dicit, quod sit contra scripturam, ut in aliis dogmatibus philosophorum & Aristotelis annotare semper solet: nam & huius rei causa suscepit onus exponendi Aristotelem. Imo in opusc. 10. art. 16. ubi erat locus hoc docendi, ytrum sit contra scripturam, (quaerebat enim, ytrum terra circulariter moueatur aut possit moueri ab angelo,) ait hoc non nisi contra Aristotelem esse, non contra scripturam. Non enim, si ordo vniuersi positus à Deo non variatur, propter aliquod dogma de

sítu & non motu elementorú, illud est contra scriptúrá, vt bene D. Thomas áduertit. At quicunque theologi dicunt, firmamentum stare, aut nó
esse contra fidem affirmare quod stet; hi terram moueri, aut non esse cótra fidem affirmare eius motum, adstruunt per necessariam consequeh-
tiam. De quorum numetó est Magister sententiarum, & Chrysostomus,
& Lactantius, & Procopius, & Augustinus. Vnde récte Sixtus Senensis
lib.5.etiam contendit, non esse firmitatem cœli contra scripturam, vt putant indocti. Sed firmamentum esse cœlum sydereum, affirmant sancti,
Beda, & Strabus. Et qui sentiunt, firmamentum esse aliud, (nescientes di-
stinguere quómodó stelle videantur moueri, si sint in firmamento, vt di-
stinguit Magister, qui non ponit eas quasi nodos,) coguntur dicere, quod
sit illud extra cœlum quod videmus, & sine stellis, quum tamen Moyses
stellas locet in firmamento. Ergo Beda & Strabus, laudati a S. Thoma,
sensum scripturæ melius assequuntur, quod firmamétum sit cœlum stellatum. Cú auté patres dicut, ad saluandam apparentiá, quá sydera apparent moueri, quod possint moueri sydera, non autem firmamétum, vérú
esse potest de planetis, vt D. Thomas & Sixtus exponunt: olfecit enim S.
Thomas, hoc quasi absurdum esse. Nam innumerabiles stellæ sunt in firmamento, præsertim in galaxia, quæ semper eundem situm, ordinem &
motum inter se seruant in suis asterismis, licet quoad æquatoré & zodiacú
varient latitudiné & situm. Non potest auté seruari perpetuus ordo in tá
tá multitudine. Ná cum sint aliæ a terra remotiores, aliæ viciniores, aliquá
parallaxis fieret saltem varians situs ordinem videntibus. Nec item omnes moueri eqdem motu, possunt quum sint aliæ magnæ, aliæ paruæ, &
viribus inæquales; sicut nec planetæ: vnde indigeret varijs motibus, sicut
planetæ varios habent propterea quod sunt magnitudine & viribus varij,
siue a se siue a sole moueantur. Eadem ratione vtitur Simplicius ad pro-
bandum, quod cœlum non sit igneú; quia sydera mouerétur sicut pisces in
mari, multa cum varietate & inæqualitate, & nó perpetuo in eódem sitú.
Sed nostra ratio melior, quàm Simpliciana. Ergo si firmamentum stat secundum patres, stant & sydera in eo. Ideóque Chrysostomus & alij patres
prædicti, & Magister sententiarum, qui consentaheum fidei catholicæ esse putant fixum firmamentum, multo magis de sydetibus idem dicant o-
portet. Ergo & hoc sequitur, quod terra circumferatur vt nauis, & sydera appareant circumferri vt turris in littore, & insula. Ergo hæc est causa

appa-

apparentiarũ, satisfaciens scripturę de fixione firmamenti, vbi stellas posuit Deus, absque ylla extorsione aut absurditate, quam D. Thomas olse-
cit & tegit, vt solet, verenda patrum, vt in opusc. 1 de seipso testatur. Patres ergo, & scholasticorum magistri, Thomas & Petrus Lombardus, sunt
magis pro Galileo, quam contra eum, & istis scriptura magis, quam cen-
soribus Galilei, fauet.

Ad tertium.

AD 3. respondeo, quòd in Psalmo dicatur *firmatus orbis terræ* quoad situm & ordinem quem seruat firmum & perenniter sibi consimilem:
vt & similiter cum dicitur in alio, *Fundauit terram super stabilitatem suam, nõ
inclinabitur in seculum seculi*, hòc intelligendum, nisi quando cœli mouendi
sunt, & terra in fine, vt ecclesia canit cum propheta, Quam expositionem
aduersarij concedant oportet. Ipsi enim qui firmamentum moueri statu-
unt, argumento telpõdeat, propterea dici firmamêtum, quia seruet eam-
dem ordinis firmitatem etiam in motu. Præterea in Iob legimus, quod
cœli solidissimi quasi ære fusi sint; & tamen Basilius docet, ex subtilissimo
igne factos; per autoritatem Isaiæ : & firmitatem eorum aliter exponit.
Præterea pro Galileo dicitur & pro Chrysostomo illud Prouerb. 8. *Qua-
do præparabat cælos, aderam: quando certa lege & gyro vallabat abyssos: quando æthera firmabat sursum, & librabat fontes aquarum*. Vbi æthereum cœlum firma-
rí à Deo habemus, & fontes libratos, vt infra &c. Et Dauid, *Verbo Domini
cæli firmati sunt*, Ergo non plus de firmitate terræ, quam de firmitate cœli,
in scriptura legitur. Nec propterea contrarij dicuntur scripturæ Dei, qui
cœlum mobilitant: ergo neque, qui terram: nam vtrũnque sensum patitur. Præterea in Psal. 135. scriptum est, *Qui firmauit terram super aquas*. At
impugnatores Galilei negant verè ly *super aquas*: eadem ratione negat
Galileus ly *firmat*, sed apparenter dici itidem contendet. Illud autê, terra in æternum stat, sine dubio de statu contra mortem dicitur. Nam alia
moriuntur, alia generantur, ait Salomon; terra autem stat, nec interit vn-
quã interitu totali, vel stat in ordine suo. Nam si gehenna est in cêtro terræ, vt plurimi credũt & est vulgaris sentêtia, oportet quasi de fide, (si valet
ratio D. Thomæ,) terrã in centro suo calidã ponere extra centrũ mũdi, &
mobilê, qualis est ignis & animatæ rei natura. Propterea si D. Thomæ in

opusc.

opuſc. 11. art. 24. non videtur gehenna eſſe in centro terræ, quoniam putat terram eſſe frigidam, & ad eius centrum omnia pondera mundi tendere, & vniuerſum non poſſe ſub fine faudari; nec poteſt miraculum dari; quoniam hoc fuit in conſtitutione, (*Præparata eſt enim ab heri Tophet*, dicitur Iſaiæ 30.) in conſtitutione autem non fit miraculum, ſed natura, teſte Auguſtino: Ergo debet S. Thomæ vel terra eſſe calida, mobiliſque etiam in peripheria, vel infernus non eſt in ipſius centro.

Ad quartum.

AD quartum, vt ex dictis patet & textu Salomonis, eximitur ibi terra à motu corruptionis per ly *ſtat*, ſiue ab interitu, non autem à motu locali. Dicit enim, *Generatio præterit, & generatio aduenit; terra autem in æternum ſtat*, ideſt, nõ interit. Ecõtrario enim dicitur in Iob de homine corruptibili, *nunquam in eodem ſtatu permanet*. Illud vero, quod de ortu & renaſcentia ſolis & gyro per aquilonem, additur in textu Salomonis, plures recipit ſenſus, ſine ſcripturarum euerſione. Auguſtinus enim & Lactantius & alij exponunt, quod non ſub terra gyret, ſed à latere terræ aquilonæi , & obſectu magnorum montium à nobis illic nõ cõſpiciatur, ſicut antiqui philoſophi & Xenophanes, negantes exſtare antipodas, dixerunt; (vt Ariſtoteles narrat in 2. meteororum;) quos Auguſtinus approbat, quoniam antipodas itidem nullos agnoſcit. D. Thomas opuſc. 10. art. 28. interpretatur de ſpiritu angelico mouente ſolem, ad mentem Ptolemæi. Idem facit in opuſc. 11. art. 6. Et tamen ait ibidem, quod, quo plures habeat ſcriptura expoſitiones in hoc textu & alijs, eo plus euadat irriſionem philoſophorum ſecularium. Quapropter hunc textum poſſem ego aliter exponere ad euadendum irriſionem Germanorum, qui iam pro comperto habent, terram moueri & ſolem in centro ſtare; vt Copernicus, Reinoldus, Stadius, Mæſtlinus, Rothmanus, Gilbertus, Kepplerus, & innumeri Angli & Galli; ex Italis autem Franciſcus Maria Ferrarienſis, Io. Antonius Maginus, Cardinalis Cuſanus, Coſantonus Stelliola & alij; vt diximus cap. 3. 2. hypotheſi: ex antiquis vero Pythagoras & omnes ſequaces, item Heraclitus & Ariſtarchus & Philolaus &c. quorum opinionē non damnat vt hæreticam D. Thomas, vt patuit in reſponſione ad ſecũdum. Nec, ſi damnaret, ſubito hæretica eſſet. Nam S. Chryſoſtomus dicit, hæreſin

...contra scripturam & ecclesiam asserere plures coelos & orbes... haereticos esse, qui secum sentiunt, dum... non sequitur. Ambrosius... esse putat, licet sol est non totaliter, licet est calidum. Et quidam... haeret cum... sol... lumen lucem... dicit. Et Procopius cum... terram super aquas fundatam dicere... Nec propterea... haeretici scholastici, qui istis omnibus contraria habent sententiam, cum ecclesia non determinet, & scriptura sensus plures patiatur. Si ergo Galileo... hunc textum exponere videt, quod sol moveatur, quoad sensum & apparentiam. Nam eodem modo D. Thomas in... ad 3. Moysen dixit loqui de his secundum quod sensibiliter apparent... sensum popularem non philosophicum. Et inter-

[illegible]

& reuersam esse tunc per miracula vera. Nec enim maius est miraculum,
solem stetisse, quam terram. Et sicut, cum Ecclesia canit, *Iam sol recedit i-*
gneus, glossas tu absq; hæresi ly *igneus*, id est, secundum nos & æquiuoce;
sic glosso & ego ly *recedit & reuersus est*, id est, æquiuoce secundum nos nô
secundum se : sicut Virgilius ait, *Prouehimur, terræque vrbesq; recedunt,*
cum nos tamen recedamus, non vrbes. Et quidem glossa mea minus dissona textui est. Hymnus enim iste à S. Amb. est compositus, vt patet ex
vltimo tômô operum ipsius. Ambros. autem, formaliter, & secundum se
solem esse igneum, probat in hexaemer. & contrarium sentientes habet
pro hæreticis aut stultis; & Aristotelicos in hoc valde flagellat; quod etiam partes citati in responsione ad 2. fecere. Tamen quia ecclesia hunc
hymnum facit suum; sicut symbolum Athanasij fecit suum, & ipsa pluribus abundat interpretationibus, sensuum fœcundissima, non approbat
quod sint hæretici qui solem formaliter calidum esse negant, dummodo
affirmantem non condemnent. Sic ergo si quis diceret, non fuisse miraculum in Iosue & Ezechia, nisi secundum sensus hallucinationem, is
contrariaretur scripturæ. Nos autem dicimus æque miraculum esse,
sicuti æque eadem sit apparentia motô visu ac visibili, vt perspectiua docet. Miracula autem nobis sunt miracula, non Deo cui nihil mirum? &
propter nos, non propter Deum sunt; imô propter incredulos tantum,
vt probatur ex apostolo. Clarum est autem nobis, quod cesset moueri sol
ad Dei nutum eo modo, quo nobis est mobilis, &c. Eodê pacto Deus dicitur fecisse lunam luminare magnum: nec propterea, qui dicit eam nô
esse talem nisi respectu nostri, vt facit Chrys. est contrarius actioni diuinæ, aut palliator veritatis: nec illo meliore, at Epicurus & Lucretius, qui
sydera tantæ quantitatis esse ponit, quantæ apparent. Ergo lunam vere
magnum luminare dicemus, acceptabimusq; sic Epicuri simpli non mathematici expositionem, vt Chrys. expositionem ex mathematicis ortâ
renuamus, quo sensui populari adplaudamus? Sensus quoque arcum cæli fieri in nube rorida, radios solares aduersos excipiente ac foedante, iu-
dicat, vt palâ est in physiologia. At scriptura Dei, Genes. 9. dicit, quod
Deus hoc signum, quotiescunq; pluerit, positurus sit in nubibus, in me-
moriam sibi, & securitatem nobis, quod non amplius terram aquis dilu-
uij delebit. Si quis propter hunc textum negaret physiologiam, zelans,
ne forte soli, non Deo, iris tribuatur, is insanire videatur & scripturas i-

gnora-

gnorare. Quicquid enim facit natura, est opus Dei. Etenim ipsa est lex &
preceptum diuinum, vt probat Chrysosto. & Ambrosius in hexaemer. Si
ergo Deus solem dicitur sistere, nè moueatur in Iosue, qui declarat hoc
fieri per gyrationis telluris frenationem, non tollit miraculum, sed declarat: sicuti nõ tollit iridem à Deo fieri physiologus, sed declarat, quomodo
fiat à Deo, quibus instrumentis, & natura, & ratione.

Ad septimum.

AD septimum facile respondetur. Debora enim & Iudas loquuntur
de cursu & errore planetarum, non omnium syderum, qui non sunt
in cœlo sicuti nodus in tabula, vt putabat Aristoteles, sed per se mouentur, vt Magister sententiarum & patres omnes cum Augustino sentiunt.
Et D. Thom. q. 70. art. 1. Ptolemæo potius consensit quàm Aristoteli, ob
Chrysostomi autoritatem, quod nõ sint vt nodus in tabula: vt omnes Pythagorici cum eo dicebant: vbi etiam monet, quod firmamenti pars infe-
rior sit, in quo planetæ dicuntur moueri, non autem superior.

Ad Esdram, concedimus, quod sol conuertat cœlum. Sed ibi non dicitur quod sol moueatur, verum quod conuertat, (vt & hoc potest intelligi
eo sensu, quo sol mouet planetas in gyrum suo lumine, quod Plinius
etiam probat li. 2.) & vna cum planetis sphæras eorum conuertat, vel potius aerem & vaporem, qui circulum vaporosum circa planetas faciunt,
vt Galilæus & Pythagorici probant; & Copernicus de orbe magno telluris loquens insinuat. Chrys. autem responderet, satis esse si sydera conuertat, vt possit dici conuertere cœlum cui insont: ipse enim totum fixum esse
vult. Et profecto mathematici, qui tempore Augustini certissimis, vt i-
pse ait, demonstrationibus probauerant, cœlum esse fixum, non potuerunt hoc nisi de stellato cœlo probare, & hic stellis fixis, non de planetis.
Nec enim vllo pacto potest mathematicè probari, quod cœlum sit stabile, nisi ex fixarum ratione ad terram & planetarũ; sicut procedit Copernicus, & Galilæus, & Pythagoræi. Ergo per ly *certissimis* satis insinuat Augustinus, huius esse sententiæ, licet non satis esset mathematicus; tamen
ibidem monet nos, ne contrarium tanquam ex fide asseramus, vt dictum
est in hypothesi 2. & in responsione ad secundum. Vide Augustinum 2.
super Genes. 10.

Decursu veloci solis in Esdra sufficit vt intelligatur motus circumgy-
rationis in ipsum, quem Telesius probauit feu fatis explicuerit ... Galileus ex hubecularum in sole circumuolitantium motu. Mouetur ergo
sol in se, non circa terram : & hoc satis: vel dicas, vt supra, apparen-
tem.

Ad octauum.

AD 8. respondeo. Tantu abest vt sit contra scripturas, ponere aquas in
coelestibus, vt potius contrarium sit contra scripturas & fidem catholicam. Ergo & terras ibi esse oportet, cu aquae non nisi in terrae soliditate
contineantur, non autem in tenuitate coeli subtilissimi, nec in stellarum
calore, dissoluente eas in fumum, quamuis glaciatas eas quidam theologi propter hunc metum ponant.

Porro Moyses ait, genef. 1. quod firmamentum diuidat aquas quae sub
firmamento sunt, ab his quae super firmamentum. Et Dauid in Psalmis
ait, *Extendens caelum sicut pellem:* qui legit aliud *superuoluatur:* & alibi, *Aquae,* ait,
quae super caelos sunt, laudent nomen domini, & Daniel in eam leo idem repetit, & tota scriptura. Vnde Origenes, qui aquas super caelos interpretatur angelos aqueos, oppugnatur a S. Basilio. Et S. Augustinus,
qui id semel sic exposuerat lib. 13. confessionum, se retractat lib. 2. re-
tract. 6.

Si Thomas in 1. q. 68. triplicem ponit opinionem de substantia firmamenti. *Primam* Empedoclis & Pythagoreorum caeterorum, quod ex quatuor elementis illud componant: & secundum hanc sententiam plane &
sine difficultate haberi docet sensum scripturae in duabus positionibus
Moysis, videl. & de aquis realibus in coelo ac syderibus, & quod firmamentum sit factum secundo die, quamuis coelum dicatur a principio factum,
& firmamentum die secundo factum vocatur a Deo coelum. *Secunda* est
Platonis, quod sit de natura ignis. (Ego tamen in Timaeo video sententiam & rationem Platonis, quod sit ex quatuor elementis: licet & Fici-
nus flores elementorum ibi interpretetur, videl. aquae transpicuitatem,
terrae soliditatem, aeris mobilitatem, sed ignis tantum versatem in calore & luce. D. Thomas vero Platone ipse non legit, vt ipse fatetur: nondu. n.
venerat in latinu.) Sed secundu hanc sententiam textus Moysis in duob.

non

non consonat, ait D. Thomas. Primo, quoniam secundum intentionem
Platonis facere firmamentum, est facere elementa ignis. Productio
ergo elementorum est opus creationis, quæ intelligitur tota cum dicitur,
In principio creauit Deus cælum & terram. In diebus enim solum de ornatu est
sermo, secundum omnes patres. Vnde sequitur inconueniens, quod siat
secundo die. Sic enim erit opus ornatus, & non creationis. Item si creo
bique pro eodem sumitur, erit nugatio, quia ponitur fieri elementum i-
gnis post factum elementum ignis. Secundo, quoniam aquæ super cælos
non recte de veris aquis possunt exponi, quomodo enim sphæricum firmamentum compatiatur secum aquas. Et propterea Basilius & Chrysostomus, qui hanc de igneo cælo sententiam tuentur, respondent his D.
Thomæ obiectionibus. Et ad primum quidem Chrysostomus, quod videlicet Moyses primo in genere dixerit, *fecit Deus cælum & terram,* deinde
sigillatim quomodo facta sint. Basilius vero respondet, quod primo sit
sermo de cælo empyreo immobili, in altero vero die de sidere. Rursus
respondet ad secundum, quod aquæ super firmamentum, sint ad tempe-
randum calorem empyrei, & sint glaciales, propterea nec defluant. Et i-
terum, quod firmamentum potuit intelligi et crassus, & quod aquæ plu-
uiales super ipsum sint, vel de die dictum *aquæ superiores, &c.* Nihilominus contendit ipse & Ambrosius & Magister, esse veras aquas. Idem dicit
S. Bonauentura, idem Beda, & plurimi ex patribus, qui etiam cælum si-
derum de aquis factum fuisse putant, & glaciales aquas super ipsum esse. Augustinus vero, qui 1. super Genesim cap. 1. concedit, sydera de natura esse, & cælum sydereum esse igneum, mox rapitur ad opinionem
quod aquæ super cælum constitutæ cum vaporibus crassis super cælum
quod potest etiam dici firmamentum, eleuentur. Et Magister circa ea-
rum hanc opinionem recitat, nec reprobat. Vnde varijs modis torquen-
tur patres & scholastici ad saluandum textum Moysis ab absurdis quibus
quæ sequuntur, si cælum sydereum ponitur mobile, non ex elemento
compositum. *Tertiam* opinionem adducit D. Thomas, quæ est Aristotelis, quod si cælum sit quinta essentia inalterabilis, Et secundum hanc sal-
uetur quod longe minus possit saluari textus scripturæ. Nam firmamentum dicitur factum ex materia prius existente, die secundo, materia autem in die primo. Vel potius, vt D. Thomas ait, ante omnem diem factum
est, cum dicitur, *In principio creauit Deus cælum & terram: terra autem erat*

F 3

inanis

...nanis & vacua: & spiritus Domini super aquas. Vbi Augustinus per terram & aquam intelligit materiam, quæ populo rudi non poterat declarari, nisi sub formâ corporali, vt etiam ait D. Thomas in q. 68. art. 1. Ac sequitur Thomas argumentum in q. 68. art. 1. Cælum, secundum Aristotelem, est de sui naturâ incorruptibile; ergo habet materiam quæ non poterat subesse alteri formæ; ergo impossibile est quod firmamentum sit factum secunda die. Præterea non potest dici, quod veras aquas super firmamentum ponat Moyses: cuius contrarium docet scriptura & patres. Nec verum est quod dicunt aquas minutatim super firmamentum ab inferiori hiundo ascendere. Alij dicunt pro Aristotele aquas super firmamento esse cælum empyreum, quod à diaphaneitate aquis persimili dicatur aqueum. Alij vocant ipsum crystallinum ob hoc ipsum, quod & faciunt immobile. D. Thomas videns, ægre Aristotelis sententiam defendi posse, defendit omnes: & pro hac sententia tandem respondet, quod firmamentum dividat aquas ab aquis, id est materiam primam, quæ aquæ nomine designatur secundum Augustinum, si firmamentum sit de quinta essentia.

Sed omnes istæ sententiæ, quæ ponuntur ad concordandum sententiam Platonis cum Moyse, & Aristotelis cum Moyse, plenæ sunt difficultatibus inextricabilibus, & torquent textum ad sensum mysticum: imo ad nullum. Augustinus autem, in libr. de doctrina Christiana, docet, quod vbi sensus literalis possit haberi, non sit refugiendum ad mysticum, nisi prius literali oræ supposito & declarato. Et in 2. super Genesin, laudat sententiam Basilij de firmamento aereo, propterea quod non sit contra fidem; & in prompti posito documento credi possit. Nos quoque eandem sententiam in quæstionib. approbauimus præ cæteris; quoniam meliorem non habuimus. Telesius vero approbauit, quoniam suæ positioni de cælo toto igneo incommoda non est. At nunc, si Galilei observationes veræ sunt, serum video difficultates in præfatis sententijs maiores.

Primo quod dicit Chrysostomus, præterquam quod multis id patrib. aduersatur, non videtur verisimile, quod Moyses, facit in 2. die, id esse recapitulationem eorum, quæ ante dies: omnes enim patres, in his diebus ornatum ponunt, ante diem vero creationem, vt Augustinus & Thomas docent & Magister. Responsio Basilij, quod ante dies sit creatum empyreum immobile, secunda die sydereum, non placet omnibus; nam ponitur illud absque scripturæ testimonio, ad tuendum positionem tantum. Item Aug. in 10. de ciuit.

uit. Dei, ponit coelum empyreū idem cum sydereo, ex dictis Porphyrii, &
dici ait empyreum, id est, igneū. Sydera autē ex igne sunt. Et Sap. 18. dicitur *stellarum limpida statura*. Item dicitur æthereū ab inflammatione secundū Augustinū, nõ à velocitate motus, vt Aristoteles putabat. Præterea empyreum est igneū. Ignis autē est, moueri semper, vt in quæstionibus
physicis probauimus, vnde priuatus motus exstinguitur secūdum Aver-
roë, & propterea fertur coelum in gyrum, quia igneum est nec potest tor-
pere, vt Plotinus 2. enneade dicit, & Zenocrates & Porphyrius respon-
dētes Aristoteli, qui putauit, in sua spæra naturaliter quiescere, sed cõtra
naturā à coelo moueri in gyrū. Igitur nõ recte ponitur empyreū, id est, i-
gneū, aliud à sydereo coelo, quod præ omnib. calore & luce manifesta viget. De illo supra sydereū posito nescimus an luceat, nedū an calefaciat:
cū ad nos nõ trāseat lux, & sit imaginarium. Propterea nec Basilius con-
fidit positionē hanc tueri posse. Idcircò per firmamentum deinde aerem
commentatur. Sed hoc ad fugiendum argumenta pulcrum est, nõ tamē
satis ad textum Moysis. Nõ enim aquæ sunt super aere nubilose vllæ, nisi
vapores, qui de terra eleuantur. Vapor autē nõ est aqua, licet de ipso generari possit aqua. At etiam de aere generatur secundum D. Thomam &
Aristotelem, qui etiam fontes in cauernis terræ ex aere generat, & perpe-
tuat. Ergo nõ verè aquas super firmamento ponit Moyses: sed materiam,
de quā non magis aqua, quàm aer & ignis, generari potest secundum D.
Thomam & Aristotele. Ergo nõ diuidit aquas ab aquis, sed quodlibet
firmamētum à quolibet, & quilibet posset fingere quicquid vellet, & vo-
cabulis abuti, vocando ignem lignum, & aquam vaporem; &c. Aut erit
generatio, non transmutatio, sed segregatio, vt antiqui docuere, quos A-
ristoteles & D. Thomas condemnat: de quorum sententia vide quæstio-
nes nostras, & metaphysicam. Item nec super aerem crassum sunt vapores aquei, sed in ipso crasso: quare nõ diuidit aquas ab aquis. Eisdem pre-
muntur incommodis, qui coelū ponunt diaphanū, & ideo persimile aquis
& crystallo. Nõ enim hæc similitudo dat esse, quod nomen aquæ signifi-
cat. Et aer enim & sol diaphani sunt, nec tamē propterea aquei. Videtur
etiā ficta sentētia, ex autoritate scripturæ non habēs ortū, sed ex difficultate, quam incurrimus dum nolumus exponere Moyle secundū Pytha-
gorica philosophiā, sed secundū Aristotelica & Plotinicam: nā Plato Pythagoræ subscribit, Plotinus verò ad igneā dutaxat naturā coelū reduxit.

Quod

Quod vero adducunt remedium dočet, si quis glacialibus, non vales [...] propter aquas & aeres [...] sydera [...] miraculum enim Aug. [...] Aristotelem [...] D. Thom. [...] Chrysost. Hieronymus, Origenes, Gregorius, Ambrosius [...] Procopius [...] excepto Augustino secundum quem [...] dies angelicos [...] Aristoteli cum Moyse [...] omnes partes [...] imperitiæ & impietatis, quod [...] impossibile & pugnantia [...] vt Aristotelem defendamus, & reijciamus Christ. [...] super sanctos doctores? [...] secundum Aristotelem [...] æquivocationem [...] Sed hoc [...] ab omnibus partibus [...] corpora [...] Christi adesse & non Aristotelis [...] Hebræi, & Pythagorici philosophi [...] alijs patribus & scholasticis [...] D. Thomæ [...] sydereum [...] de natura quatuor elementorum [...] mutantur in aliud ens, & non [...] Anaxagoram & Empedoclem: de quibus [...] At horum opi[...] sequitur, sufficit eleuare [...] sideribus ipsis [...] mista quæ nostrum, ex quatuor elementis [...]

Tandem quod addit D. Thomas ex Aug. in sphæra Aristotele juuando, non satisfacit. Non enim Moyses per firmamentum diuidit materiam primam, sed aquas veras, vt omnes partes testantur. Et absurdum videtur dicere te Dauid. Qui tegis aquis superiora eius. id est, materia prima tegis cœlum: & iterum, Aquæ super cœlos laudent nomen Domini. Quomodo enim eas infor-

informe & prope nihil, laudet Deum, nisi vel proprio rationale sit, vt a-
queus angelus secundum Origenem, vel ornatum pulchritudine nimia,
vnde laus Dei manifestetur, & dicatur laudare per prosopopœiam, vt exponit Basilius? Præterea quid miri narrasset Moyses, aut quid docuisset,
cum per firmamentum diuidit aquas ab aquis, si materiam à materia?
Palam est etiam, quod, quæ sub firmamento, veræ sunt formatæ aquæ, vt
maria: ergo aliquid tale super firmamentum. Distinctio enim inter res
eiusdem generis est, non inter lineam & albedinem. Vnde cum D. Thomas inclinet ad Empedoclem, quoniam planus ab eo est Christianæ
scripturæ sensus, videtur hæc pro sua modestia coaceruasse, vt doctoribus & philosophis satisfaceret, & pluribus sensibus scriptura abunda-
ret.

Quod autem non modo Moyses faueat Empedocli & Galileo, sed etiam Salomon & experientia, patet. Ille dixit 7. Prouerb. *Quando æthera fir-*
mabat sursum & certa lege vallabat abyssos, & librabat fontes aquarum. Æther
autem cœlum stellarum ab inflammatione dicitur Augustino & Por-
phyrio: Abysi sunt aquarum immensitates, quas plures in pluribus syste-
matis vallatas intelligere nihil vetat, quoniam à telluribus continentur,
vt mare nostrum nostra tellure, non à congelatione ficta. Librati autem
fontes aquarum dicuntur forsan qui in stellis sunt: omnia enim systemata
propriam habent in suo centro librationem. Scio dari alios sensus, sed
ante inuentionem apparentiarum. Præterea manifeste circa solem voli-
tant nubeculæ, quas ex nostra terra non posse eleuari, D. Thomas & ratio
ipsa docent. Similiter facta est anno 1572. stella absque parallaxi in sedili
Cassiopeæ noua ex vaporibus, vt Tycho & innumeri mathematici scripserunt, qui viderunt & obseruarunt: ergo sunt vapores in stellis. Item
cometæ fiunt supra lunam, vt probant instrumenta, quod Aristoteles ne-
gauit: vapores autem è nostra terra cousque ferri non possunt: ergo sunt
aquæ & tellures in syderibus, cum præsertim alij cometæ alijs syderibus
hærere obseruentur, item guttæ minutatim, quas Augustinus & Ambrosius eleuant, non possunt è terra nostra educi: ergo ex illis, quæ in stellis.
Item, secundum Petrum Apostolum, cœli calore soluentur: & secundum
Dauidé peribunt & veterascent. At si sunt de quinta essentia, aut de solo
igne, non potest hoc absque torsione scripturæ intelligi. S. Clemens &
Hilarius & Cotherinus, de cœlis superioribus hoc intelligunt, non de

G aëreis,

aereis, vt Auguſtinus: ergo &c. Item Galileus oſtendit in luna montes: &
Geneſ. 49. & Deut. 33. fit mentio pomorum & mõtium & collium in cœleſtibus: ergo conuenit illi. Quapropter quia ſacra ſcriptura ad literam
in ſuis textibus omnibus cum ſolo Empedocle conuenit, cum alijs vero
non niſi myſtice aut violenter, Empedocles autem Pythagorǣus fuit, vti
Galileus; ergo Galileus laudari debet, qui poſt tot ſocula vindicat ſcripturam per ſenſatas experientias ab irriſione & torſione; oſtenditque, ſapientes huius mundi inſipientes fuiſſe, & ſacram ſcripturam non illis, vt vſ-
que modo, ſed illos ſacrǣ ſcripturǣ obſequentes fieri debere. Nec vilifi-
unt ſic domicilia noſtra. Homines enim ſuper ſydera eleuabuntur cum
Chriſto capite, ſupraque omnes cœlos. Hinc ergo elucescit, nos illis eſſe
meliores.

Ad nonum.

AD 9. Negatur conſequentia. Non enim plures mundos ponit Galileus, ſed omnia ſyſtemata ſub vno & intra vnum ǣthera ſere immē-
ſum. Theologi vero ponunt tres mundos, primum elementarem, ſecundum cœleſtem, tertium ſuper cœleſtem ſeu ſpiritualem, cum S. Baſilio &
Clemente. Horum inſtar fabricatum eſſe Moyſis tabernaculum triplex,
oſtendunt Philo, Ioſephus, Clemēs Alexandrinus, Hieronymus, & Sixtus Senenſis. Galileus autem de his nihil theologice tractat, ſed per mirabilia inſtrumēta ſtellas, olim occultas, nunc manifeſtat, docetque, planetas perſimiles lunǣ eſſe, & accipere à ſuo ſole lucem, & alios rotari circa alios, & in cœlo mutationes elementorum fieri, & vapores ac nubes in
ſtellarum ambitu, multaꝗ ſyſtemata inueniri: ita vt quaſi manibus palpe-
mus, vera retuliſſe Moyſen de cœlis cœlorum & de aquis & montibus &
de alijs rebus in ſyderibus; ac ſciamus, iuxta literam abſque violentia &
tortura & fictis imaginib. ſcripturam exponere, & à philoſophorum ca-
lumnijs vindicare, qui quia iſta nõ credebant, inde cogebantur recurre-
re ad ſenſum myſticum, vti nunc facit hǣreſis Perſiana in exponendo
Machometis impoſſibiles fictiones de cœlis & diuinis rebus. Prǣterea
ſciendum, quod nullibi inueniatur decretum in canonibus eccleſiǣ, non
eſſe plures mundos. Nec D. Thomas dicit hoc eſſe contra fidem in 1. q.
47. art. 3. vbi hoc inquirit. Locus autem Ioannis; *Mundus per ipſum factus eſt,*

non

non negat, quod alij mundi & secula per ipsum facta sint, sed tātum affirmat quod mundus noster per ipsum factus est. Probat autē recte D. Thomas, quod plures mundos absque ordine ad vnū ponere, vt fecerunt De-
mocritus & Epicurus, error sit in fide. Nā ex hoc sequitur, casu fieri mundos, vt illi volunt, absque ordinatore Deo. Sed ponere plura systemata
parua intra vnum maximum, ordinata ad Deum, nequaquam est contra
scripturam, sed tantummodo cohtra Aristotelem. Nam etiam ratio S.
Thomæ (quod non sit possibile esse aliam tertam in aliis mundis præter
istam, quoniam illæ terræ ad istam venirent & suos relinquerent locos,)
ex Aristotelis lib. 1. de coelo est deprompta, & nihil valet. Non enim cor
meum vadit ad locum cordis tui. Omnia suo in centro constabiliuntur,
& propria partium consimilitudine seruantur & gaudent. Ad centrum
lunæ lunaria, ad Mercurij Mercurialia contendunt: extra circulum suum
non olfaciunt aliquod melius pro se. Et cur, si stellæ sunt eiusdem naturæ in Peripato, non tendunt altera in alteram, & partes huius ad illius.

Præterea Vniuersitas Parisiensis inter articulos correctione dignos in
D. Thoma ponit hunc, quod videl. non possit esse alia terrā. Sic enim li-
gatur potentia Dei. Non enim de naturali, aiunt, sermo est in theologia,
sed de diuina. Sed profecto nec D. Thomas hoc, vt illi impingitur, de potentia Dei intellexit, (& si omnino, vti debebat, se non declaravit,) quum
alibi contrarium statuat, posse videl. Deum facere plures mundos & terras, sed ex ordinaria philosophia Aristotelica, vt notat etiam Caietanus.
Imo in 1. de coelo, vbi hoc examinat Aristoteles, ibi D. Thomas docet,
nequaquam esse cōtra fidē, sed contra Aristotelē hoc dogma. Illud etiam
de plurib. hominum speciebus, & quod Christus sit alibi mortuus, nō sequitur ex dictis Galilei: nec valet consequētia contra alios. Nō enim vē-
rū est, quod sit mortuus in altero hemisphærio, quod propter hoc argu-
mētum exstare negabatur à multis theologis, etiam ab Augustino, cōtra
quam experientia hodie ostendit. Nec homines, si qui essent in alijs syderibus, peccato Adæ, à quo nō habēt originē, infecti, vt redemtione indi-
geāt, fuisse possunt, nisi alio peccato laborēt; vnde cogeremur exponere
illud Ephes. 1. & Coloss. 1. *reconcilians in sanguine suo, siue quæ in cælis, siue quæ in*
terris, &c. Sed hæc ignoramus: ideo stamus in antiqua expositione Patrū.
At vero Galileus, in epistolis de solarib. maculis, expresse negat, homines

in stellis alijs esse posse, (quod nos in quæstionibus argumento physico comprobauimus,) sed posse entia ibi esse alterius naturæ, nostris analoga entibus, non vniuoca; quicquid colludendo & iocose Keplerus in dissertationibus dicat, ex hypothesi tantum.

Præterea si falsum est hoc de pluribus mundis; Galileum non tangit, quippe qui non plures mundos, sed plura systemata in hoc mundo, sensu, non imaginatione, detegit, ordinata ad vnum. Vnde cessat ratio Aristotelis in 12. metaphysic. de pluribus primis motoribus. Et cardinalis Cusanus & Keplerus & Nolanus & alij dixere idem ante Galileum. Nec quia scriptura Dei hoc tacet, propterea non est verum; locus enim ab autoritate negatiuus, est fallax in dialectica. Nec enim de altero hemisphærio quippiam dixit; ergone autem sentiemus cum atheistis, qui propter hoc argumentum condemnant Moysen, nihil de antipodibus loquutum, quamuis Augustinum habeant propter hoc quod Moyses de illis non est loquutus, antipodas negantem? Profecto ea ratione dicemus cum Luthero quoque non fuisse vnquam Petrum Romæ, propterea quod Lucas in actis de hoc mentionem non fecerit. Valeant nugatores insulsi indoctique. Quantopere insana Paracelsi sententia à Galileo absit, palam est; neque est quod immoremur. Moyses quidem hæc omnia tacuit; quia legem nostro mundo datam, non physiologiam systematum cunctorum scribebat; imo nec nostri, nisi quantum legi opus erat.

AD 10. nego, scandalum actiuum, quod solummodo vetatur in euangelio, oriri ex Galileo. Non enim vocat ipse rei illicitæ; sed indagini veritatis, quam mandat & iubet Deus; vt patet ex hypothesi secunda in tertio capite huius quæstionis; & ex euangelio, vbi Christus talentum à se datum sub pœnis maximis defodi vetat. Et S. Gregorius super Ezechielem ait, *si de veritate scandalum sumitur, vtilius nasci permittitur scandalum, quàm quod veritas relinquatur.* Et cùm scandalizaretur ab hoc Pharisei, dixit Christus Matt. 15. *Sinite eos, cæci sunt & duces cæcorum.* Quod autem dicitur, recepta esse sententiam Aristot. à scholasticis de cœlesti & mundi constructione, vt conformem theologiæ, & non vltra insudandum, error est, ne dicam hæresis.

Omnes

Omnes namque patres Aristotelismo contrariantur in ijs, quæ de cœlo & constructione mundi dixit, vt ex 2. hypothesi & ex responsione ad 1. & 8. iam patuit. Scholastici vero, quorum principes sunt Petrus Lombardus & D. Thomas Aquinas, manifeste pandunt dogmata Aristotelis non posse cum doctrina Moysis & patrum in his stare; (vt patuit ex responsi. ad 2. & 8. & ex alijs iam dictis in hoc articulo; Inuenta autem Galilæi cōcordare cum S. scriptura, eamque à tortura theologorum & irrisionibus philosophorum vindicare; & philosophos esse fallaces; patrumque testimonia veraciora quam philosophorum. Nescio cur libeat cæcutire, & sine doctrina falso zelo furere, aut sine zelo doctrinam sensatam impugnare.

Ad Vndecimum.

AD 11. responsio est in tota assertione prima hypotheseos secundæ & in corollario, vbi dicitur, quàm sit Deo gratum philosophari in libro eius, & quomodo cœlestia inquirere non sit vanum, sed vtile ad gloriam Dei manifestandam, & fidem de animæ humanæ diuinitate & immortalitate astruendam; & quod versus Catonis non æquiualeant versibus Ouidij contrarijs diuinioribusque; & quod insuper Dauid hoc studium, vt sublime, non vt superbum, commendet. Adde, quod ratio Catonis est contra fidem. *Cum enim sis mortalis, quæ sunt mortalia, cura.* Quod non de solo corpore, sed de animo quoque dicitur, esse oportet. Si enim animus immortalis & deificabilis est, non debet ab inquisitione diuinorum alienari. Vnde Dauid, *Quærite Deum, & viuet anima vestra.* Et alibi, *Quærite faciem eius semper.* Et de cœlestibus, *Cæli enarrant &c.* Et *videbo cælos tuos, &c.* Et alibi, *Mirabilia opera tua, ideo scrutata est anima mea.* Quomodo autem terminum in his non posuerint patres nostri, patet ex assert. 2. & 3. & quomodo vlterius inquirere si quis vetet, erraret, ex assert. 4. & quomodo sapiendum ad sobrietatem, &c. Sed in theologicis nostris de his abundanter.

G. 3.   CAPVT

CAPVT V.

Quo loco habenda argumenta, capite secundo pro Galileo adducta.

RAtiones pro Galileo propositas, opinor, ægre nunc solui posse omnes. Cum enim ego pluribus annis cælum esse igneum opinatus sim, ipsumq; cœlum igniū omnium fontem, astra vero ex igne etiam constituta, sicut August. Basil. & alij patres senserunt, & recens Telesius noster, conatus sum in quæst. & in metaphysicis rationes omnes Copernici & Pythagoræorū soluere. Sed post obseruationes Tychonis & Galilei, qui in cœlo stellato nouam stellam, & cometas ibidem, nedum supra lunam fieri conuincunt, & nubeculas circa solem; nō omnia astra ignea esse suspicor: quam suspicionem Lunæ & Veneris augmentum ac decrementū, & Lunæ, ac Iouis maculæ magis confirmant. Illud etiam argumentum, quómodo stellata sphæra in vno momento tot millia milliariū peragret, licet à nobis solutum sit, adhuc tamē ancipitem me tenet. Stellæ insuper Mediceæ & Saturniæ, circumeuntes Iouem & Saturnum, non permittunt forte solem vnicum, nec centrum amoris vnicum, idest, solem, & alterum odij, id est, tellurem, vt nos dicebamus in physiologia, colores fixarum persimiles planetarum alij aliorum coloribus, suspectam faciunt etiam Galilei & aliorum de Solibus opinionem. Quapropter suspendo iudicium; & ad Galilei argumenta respondeo, paratus obedire mandatis Ecclesiæ & meliorum iudicio.

Ad primum, secundum, tertium, quartum, quintum, & septimum.

ADi 2. 3. 4. 5. & 7. eadem est responsio, quod probabilis sit, non vera, sententia Copernici & Galilei, à tot theologis approbata; cum hæc non sit determinatio in Concilio generali facta, néque ex motu proprio summi Pontificis Pauli 3. ex Spiritus sancti assistentia, sed solum permissio vt imprimantur libri; hanc opinionem continentes, tanquam fidei non repugnantes. Neque enim cum Papa approbat sanctorum theologorum

gorum doctrinam, tanquam de fide adprobat totam, sed tanquam vti-
lem & lectione dignam, vt docent Parisienses doctores in articulis, quos
in D. Thoma adnotarunt. Alioquin Papa Gelasius etiam errores Cypri-
ani & Hieronymi & multorum quos ibi dist. 15. c. *Sancta Romana*, suscipit
approbatq;, approbasset. Ad aliud dico, quod probabile est, non esse aliquid contra scripturas in his dogmatibus propter praedictorum theologorum & Papae authoritatem permittentis; non tamen necessariu. Quod
enim illi nondum viderunt, possunt moderni theologi videre, si praesertim scripturas & coelum operosius & ingeniosius obseruent, prout in corpore huius articuli ego faciendum proposui, aut reuelationem nouam
habeant. Ego tamen fateor, me non videre, vnde iactura autoritatis scripturarum sanctarum fiat ex Galilei dogmatibus: imo lucrum fieri arbitror, vt ex dictis patet.

Ad octauum, nonum, & decimum.

AD 8. 9. & 10. nescio an demonstrationes sint pro Galileo, cum eua-
dant theologi per sensus mysticos & coelos aequiuocos, vt 1. D. Thomae apparet; sed tamen demonstrationes contra Aristotelem sine dubio. Nos autem responsionibus pro Galileo omne id quod dicunt theologi, examinauimus; & huic fauere scripturas non minus, quam illis ex
doctrina aliorum philosophorum loquentibus, vere intelligimus; parati
meliori intellectui cedere. In metaphysices part. 3. lib. 1. omnia Galilei &
Pythagoraeorum dogmata, & Copernici examinauimus, & his argumentis satisfecimus vt potuimus: similiter in quaestionibus omnibus
physicis, vbi longe plura ex naturalibus argumenta contra Copernicum
contexuimus. Nunc ex theologicis modo procedimus: ibi videat physi-
cus, sed ecclesia sit iudex, an sit permittendum Galileo de his scribere &
disputare.

Ad sextum.

AD 6. nescio quid negem. Picus enim, comes Mirandulanus, tanquam veram historiam inducit, quod Aristoteles, scripta Moysis de
Deo libere mundum creante in temporis initio legens vel recitari audies
spre-

ſpreuerit tanquam ruſtica & ſine probatione exarata ; quod etiàm Porphyrius fecit,vt narrat Euſebius. De Pythagora autem , quod fuerit Iudæus genere, teſtatur Ambroſius;non memini, vtrum in ſermonibus an
in epiſtolis;libros enim nunc non habeo. Sed tamen hoc ſic eſſe memini. Imo ſcholiaſtes Ambroſij dubitans, quonam modo Pythagoras fuerit Hebræus cùm alij de Samo Græciæ eum faciant, (ſed de Samo Cala-
briæ,olim magnæ Græciæ, facit G. Barrius Franciſcanus,) reſpondet,
abſque certa hiſtoria id non protuliſſe. Et quidem ſanctitas , & grauitas
Ambroſij hoc volunt,vt & argumenta. Pythagoras enim ciborum de-
lectum, Dei vnitatem,licet Angelos deos ſecundos dixerit, & omnia nu-
meris docet,(ſicut Moyſes in conſtructione tabernaculi, & Salomon o-
mnia numero, pondere & menſura creata ponit,)& Moyſen in legisla-
tione æmulatur; qua de re vide metaphyſicam noſtram : hæc autem ſo-
lennia Iudæis fuiſſe conſtat.Potius autem genere Iudæus natus eſſe in Samo,vt & Spartani in libris Machabæorum de genere Abrahæ eſſe pethi-
bentur:Iudæi enim per plurimas mundi partes ex Abrahami & Moyſis &
Iudicum temporibus diſpergebantur. Pythagoras autem hanc mirabi-
lem philoſophiam apud Gentiles de telluris motu,& ſyſtematis in cœlo,
& quod ſol ſit in centro,& luna ſit altera tellus, & quatuor elementa nedum aqua in ſyderibus,primus promulgauit,teſtibus Laertio,Pluta-cho,
Ariſtotele & Galeno. Quapropter ex Moyſe accepiſſe videtur:non enim
tanta ſapientia illi abſqs præuia reuelatione eſſe potuit.Sicuti & Copernicus ex præuijs Pythagoræorum monumentis iſta excogitare cœpit,
obſeruationibus Franciſci Mariæ excitus : Pythagoræ diſcipulus,Ti-
mæus Locrenſis noſtras, motum terræ diarium mathematice demon-
ſtrauit:Philolaus vero Crotoniata , annuum : librationis videtur Copernicus adtunxiſſe,(vt in quæſtionibus phyſicis docui,) Thebiti Baby-
lonici & Alfonſi regis Hiſpanorum motus exemplo, quas etiam deſide-
rari, D. Thomas in 12.metaphyſ. ex dictis Simplicij inſinuat. At etiamſi
Iudæus non ſit Pythagoras,vt patriæ philoſophiæ iſta docuerit ; tamen
ex hiſtorijs nouimus,cum ſacerdotibus Ægyptijs,cum Phereccide Syro,
& cum Iudæis in Iudæa contermina Syriæ Ægypto , inque ipſa Syria &
Ægypto eſſe conuerſatum & ab illis audiuiſſe legem, & philoſophiam
de aquis & montibus & terris in cœlo,& de montibus lunæ,ac ſimilibus,
quæ in hac quæſtione parauimus in ſacris bibliis haberi. Ariſtoles aurê

ſicut

ſicut irriſit Moyſen Iudæum, ita & Pythagoram Iudæum aut Iudaizan-
tem. Quapropter noſtri Chriſtiani, ſpiritualiter Iudæi ſecundum apo-
ſtolum, vindicant ſacram philoſophiam Moſaicam ab iniurijs ethnico-
rum per certiſſima inſtrumenta & rationes. Cur murmuramus, ſicut o-
lim, Iudæi contra Moyſen vindicem ſuum ab iniurijs Ægyptiorum?
Rabbini priſci, quorum libris nunc careo, eadem fere docent. Imo Machometus in dialogo cum Abdia Iudæo, & in Alcorano, cum eſſet etiam Iſmaelita & à Iudæis edoctus, quos ſecum ducebat vt ex multis hiſtorijs elicit ecſtaticus doctor Dionyſius Carthuſianus in libris contra
Machometum; ponit in cœlo multa maria, & ſpatia aerea, & montes,
& ſub terra noſtra ſeptem alias terras, & bouem ſuſtinentem eas. Quæ à
Iudæis & Thalmudiſtis accepiſſe videtur, (Sixto Seneſi & Dionyſio Car-
thuſiano & alijs & ipſa re teſtantibus,) Sed cum eſſet indoctiſſimus, loquutus eſt quicquid in buccam veniebat, tanquam arreptitius, vt videre
eſt in reſponſionibus eius. Confunditque vera falſis, vt facit etiam in hiſtoria Ioſephi, Dauidis Salomonis, & Ieſu Chriſti domini noſtri. Imo
metaphorica neſciuit diſtinguere à proprijs : vnde ponit columnas te-
nentes mundum, & fluuios vini & butyri in paradiſo, ſicut in Iob, nomi-
nantur, & alia id genus; & quod cœlum, ne ruat, ſuſtineatur à monte Caf,
à quo etiam ſubuiridem colorem mutuetur:& hoc ab his accepit primis
Chriſtianis, qui montem, in quo putant eſſe terreſtrem paradiſum, vſ-
que ad cœlum eleuant, vt expertes adhuc geographiæ ; vnde quærit A-
naſtaſius Sinaita, quomodo inde deſcenderint homines. Omitto, quæ
dicit ab his Beda. Hoc ſolum ex his habe, quod Machometus à Rabbinis
acceperit plures terras & maria & ſyſtemata ſuper cœlum noſtrum.
Cum igitur antiquiſſimis expoſitionibus ſacræ ſcripturæ & modernis
concors ſit obſeruatio Galilei & Empedoclis qui à Pythagoricis doctrinam habet, pluſquam cæteri philoſophi, teſte D. Thoma, ſacræ ſcripturæ in rebus cœleſtibus eſt commodus. Cumque Pythagorici à Iudæis
doctrinas habuerint, quibus nunc maxime conſentit Galileus, non leui
opinione motus, ſed ſenſatis obſeruationibus, arbitror cum D. Thoma &
Auguſtino, vt in 2. hypotheſi nos docuerunt, non abſque periculo irriſio-
nis ſcripturarum vel potius ſuſpicionis, quaſi nos contra ſcripturas cum
ethnicis ſentiamus, vel ſublimibus ingenijs inuideamus, (præſertim cum
hæretici nihil hoc tempore in theologis Romanis non reprehendant, te-

ſte Bel-

H

Conclu.
Galilæi

ite Bellarmino, studium Galilei prohiberi posse, scriptáque eius sup-
primi: imo hoc fore in causa, vt inimici nostri eadem auidius amplexen-
tur celebrentque.

In his autem dictis & scriptis & scribendis, semper censuræ S. Matris
Romanæ ecclesiæ, meliorumque iudicio me submitto. Vale
Illustrissime Cardinalis Caietane, patrone virtu-
tum Italicarum.

(∴)

FINIS.